Reclam
LESEBUCH

Die Weisheit der Heiligen

Ein Brevier

Herausgegeben von
Johanna Lanczkowski

Philipp Reclam jun. Stuttgart

Universal-Bibliothek Nr. 40010

Einbandentwurf: Nik Rothfuchs, unter Verwendung eines Freskos des hl. Dominikus von Fra Angelico im Kloster San Marco, Florenz
Gesamtherstellung: Reclam, Ditzingen. Printed in Germany 1991

ISBN 3-15-040010-4

Inhalt

Vorwort

Das Wort »Brevier«* erinnert den (noch) mit der Kirche Vertrauten und den, der sich für Heiliges und Heilige interessiert, an das Brevarium (kurzes Verzeichnis, kurze Übersicht) der Mönche, Nonnen und Geistlichen. Dieses enthält, mit dem Sonntag, dem Tag der Auferstehung, beginnend, die für die einzelnen Wochentage vorgeschriebenen Bibel- und Kirchenvätertexte, Psalmen, Responsorien, Dank- und Bittgesänge, Hymnen, Gebete usw., die zu bestimmten Gebetsstunden des Tages, den Horen, zu beten sind.

Im Brevier, im Stundengebet, bewahrt die Kirche – zusätzlich zu ihrem Allerheiligsten, der Feier der Eucharistie, des Letzten Abendmahles Jesu, und den Evangelien, der Überlieferung der Worte und Taten Jesu – jahrtausendealte Gebetstreue und Frömmigkeit, Gebete, die »von Geschlecht zu Geschlecht« (Lk. 1,50) Menschen Kraft gaben, das Leben und sich selbst zu ertragen.

Sowohl das Judentum als auch das griechisch-römische Heidentum kannte feste Gebetszeiten. So spricht der alttestamentliche Fromme im Angesicht Gottes: »Siebenmal des Tages lobe ich Dich um Deiner gerechten Entscheidungen willen« (Ps. 119,164). Und im griechisch-römischen Kulturkreis kam der dritten,

* Zur Entstehung und zur Geschichte des Breviers vgl. Suitbert Bäumer, *Geschichte des Breviers*, Freiburg i. Br. 1895; Johannes Brinktrine, *Das römische Brevier*, Paderborn 1932; Josef Pascher, *Das Stundengebet der römischen Kirche*, München 1954.

der sechsten und der neunten Stunde des Tages besondere Bedeutung zu, ein Tagesrhythmus, den die junge Christengemeinde übernahm. So betet etwa Petrus (Apg. 10,9) »um die sechste Stunde«, und Johannes und Petrus beten gemeinsam »um die neunte Stunde« (Apg. 3,1).
Zu diesen Gebetszeiten der Terz, Sext und Non kam die Vigil (lat. *vigilare* ›wachen‹), das nächtliche Gebet, mit dem eine Tradition des Alten Bundes fortgesetzt wurde: »Um Mitternacht stehe ich auf, um Dir zu danken« (Ps. 119,62). Dieses Gebet zur Nachtzeit machte sich die Kirche zu eigen; sie betet zum einen darum, daß in dieser Welt die Nachtstunden – das meint: Not und Bedrängnis – ein Ende nehmen, und zum anderen wartet und hofft sie gleichzeitig wie die klugen Jungfrauen »mit brennenden Lampen« (Mt. 25,1 ff.) auf die Wiederkunft Christi am Ende aller Zeit, darauf, daß *Gott die Finsternis licht macht* (Ps. 18,29).
Das nächtliche Gebet endete bei Sonnenaufgang mit dem Lob Gottes: »Ich will Deine Macht besingen und jubeln jeden Morgen, denn Du bist meine Burg geworden« (Ps. 59,17). Dieses Lob bei Sonnenaufgang verselbständigte sich zum Morgengebet, Matutin, später Laudes. Hinzu traten das Gebet zur ersten Stunde, die Prim (häufig mit den Laudes verschmolzen), und eine Gebetsstunde am Ende eines jeden Tages, die Komplet.
Durch das Mönchtum, vor allem durch das von Benedikt von Nursia und seiner Regel geprägte – man vergleiche *Regula Benedicti*, Kap. XVI u. ö. –, wurden die festen Gebetsstunden, das »Stundengebet«,

zu einer tragenden Säule der abendländischen Kirche und Frömmigkeit: Durch das Stundengebet wird der Tag geheiligt und zu einer Einheit zusammengeschlossen; es stellt den Betenden, sein Wollen und Wünschen, seine Nöte und Freuden vor Gott, und es stellt ihn unter Gottes Wort, Weisung und Verheißung, und so bezieht es ihn, das Geschöpf, ein in das Heilsgeschehen.

Das Morgengebet, LAUDES, erinnert an die Auferstehung Christi, der die Nacht des Todes überwunden hat, und es mahnt den Beter, im gläubigen Vertrauen auszuharren, da Christus, »der Aufgang aus der Höhe« (Lk. 1,78), allen leuchtet, »die in Finsternis sitzen und im Schatten des Todes« (Lk. 1,79). Gleichzeitig mahnt es, allen Anfeindungen, allen Anfechtungen, allem Bösen, das dem Menschen schaden und ihn verderben will, fest zu widerstehen, da »der Gott aller Gnade« in Christus den Glaubenden nach kurzem Leiden zur Herrlichkeit berufen hat (1. Petr. 5,9), und es mahnt, *auf den Herrn zu hoffen, denn er ist Schutz und Hilfe* (Ps. 33,20).

Die Vormittagsgebetsstunde, die TERZ (dritte Stunde nach antiker Zählung; etwa neun Uhr), erinnert nach *Apostelgeschichte* 2,15 (»es war um die dritte Stunde des Tages«) an die Ausgießung des Heiligen Geistes. Sie mahnt: Der Betende soll für sich und sein Vorhaben, für die ihm vertrauten und anvertrauten Menschen, für die Kirche, für die gesamte Menschheit und die ganze Welt die Hilfe des Heiligen Geistes erflehen, er soll um *»einen willigen Geist«* (Ps. 51,14) bitten, damit er im Geiste Christi in tätiger Liebe wirken kann.

Das Gebet zur sechsten Stunde, die SEXT (Mittag im antiken Tageslauf), gedenkt der Stunde der Kreuzigung Jesu. Es stellt den Betenden unter das Kreuz, an dem Christus in Gehorsam und Demut durch sein Leiden Sünde und Tod überwand. Herz und Sinne des betenden Menschen werden hingelenkt auf Christus, der dem Leiden nicht auswich und es nicht floh, sondern sich Schmähungen und Folter stellte und das Leiden ertrug. So wird der Beter aufgerufen, Verzagtheit und Kleinmut von sich zu werfen, sein tägliches, persönliches Kreuz zu akzeptieren und auf sich zu nehmen (Mt. 16,24), das heißt, sein Leben mit aller Schwachheit, so wie es ist, zu bejahen im Vertrauen auf Christus (Hebr. 2,13) und nach dem Vorbild, das er gegeben, *denn er hilft alle Last tragen* (Ps. 68,20).

Das Gebet zur neunten Stunde, die NON (nach unserer Tageseinteilung etwa 15 Uhr), ist das Gebet zur Todesstunde Christi. Indem der Betende des Todes Jesu gedenkt, wird er an sein eigenes Sterbenmüssen erinnert und aufgefordert, sich auf den Tod vorzubereiten, eine Aufgabe, um deren Schwere viele der Heiligen wußten. So betet die hl. Gertrud die Große (gest. 1301/02), die in ihren *Exercitia spiritualia* (Geistliche Übungen) die längste dieser Übungen der »Wiedergutmachung der Sünden und der Vorbereitung auf den Tod« widmete, mit dem Psalmisten:

»Herr, lehre uns bedenken, daß wir sterben müssen, auf daß wir ein weises Herz gewinnen« (Ps. 90,12). Die Gebetsstunde der NON intendiert nicht, daß der Mensch als ständig trauriges, niedergedrücktes und freudloses Wesen durch das Leben gehen soll, vielmehr soll er alles Denken und Tun so gestalten, daß er es dereinst vor Gott verantworten kann: Er soll sein Herz nicht an Vergängliches ketten, sondern in der »herrlichen Freiheit der Kinder Gottes« (Röm. 8,21) sich freuen über Gottes Güte (Ps. 31,8), die aller Bedrängnis ein Ende macht, so daß sie der Mensch ertragen kann, und er soll fest darauf vertrauen, daß er dereinst mit Christus in einem Geist Zutritt hat beim Vater (Eph. 2,18); denn *es ist der Herr, der vom Tod errettet* (Ps. 116,8a).

Die Gebetsstunde am Abend, die VESPER (Abend, Abendzeit), ist das Dankgebet für den Tag und zugleich Hinwendung des Blickes auf das Ende aller Dinge und aller Zeit, ist »Dank für alles« (Eph. 5,20), das dieser Tag gebracht hat, denn »denen, die Gott lieben, werden alle Dinge zum besten dienen« (Röm. 8,28). Die Leiden dieser Zeit bedeuten nichts im Vergleich zu der Herrlichkeit, die uns geoffenbart werden soll (Röm. 8,18): *denn der Herr erhört den Bittenden; der Herr ist der Retter* (Ps. 118,21).

In der KOMPLET, die den Tag beschließt, bittet der betende Mensch um eine gute, behütete Nacht. Vor dem Hereinbrechen der Dunkelheit fleht er für sich und für die, die er liebt, für die ganze Kirche und für die ganze Welt um gnädige Bewahrung; *denn Gott allein ist Zuflucht und Schutz* (Ps. 91,9).

Sieht man die Grundgedanken der einzelnen Gebetsstunden zusammen, so wird deutlich: das Brevier, das Stundengebet, ist die beständige Hinwendung des betenden Menschen zu Gott, in allen Situationen des Lebens. Durch dieses stetige Stehen vor Gott wird der Bittende, der sich seiner menschlichen Schwäche bewußt ist, ein Be-ständiger und so ein Standhafter und Gestärkter; standhaft und gestärkt, weil er weiß, daß er angehört und erhört wird, daß er angenommen und geborgen ist von und in der erbarmenden Liebe Gottes; er kann Gott vertrauen, um Christi willen.
Die Kraft, die in der Schwachheit mächtig ist (2. Kor. 12,9), wurde und ist endgültig – gültig bis an das Ende aller Zeit – in und durch Christus selbst offenbart, aber sie wird auch offenkundig in und durch Menschen, die im felsenfesten Vertrauen auf Christi Verheißung ihm nachgefolgt sind und nachfolgen, in den Heiligen, in den Märtyrern und Bekennern – angefangen von dem ersten Blutzeugen, dem Märtyrer Stephanus (Apg. 7,54 ff.) aus der Zeit der urchristlichen Gemeinde, bis hin zu Edith Stein, Adalbert von Neipperg, Maximilian Kolbe, Alfred Delp und Rupert Mayer in unserer jüngsten Vergangenheit – und in den vielen Unbekannten, derer kein historisches Zeugnis gedacht hat und gedenkt.

Wenn dieses kleine Brevier, in loser Gliederung den Grundgedanken der einzelnen Horen des Stundengebetes folgend, schriftlich Überliefertes – sei es aus Briefen, Predigten, Gedichten oder Reden, seien es durch glaubhaftes Zeugnis erhaltene Gebete und Aussprüche von Heiligen, Märtyrern und Bekennern –

demgemäß ordnet, so will es einfach nur hinlenken wie ein Wegweiser (der den Wanderer auch nicht zwingen kann und will, ihm zu folgen) auf die Quelle, aus der die Heiligen – sie sind alle nicht ›heilig‹ geboren, sondern waren Menschen wie wir mit Schwächen und Nöten – Kraft zum Standhalten und Mut zum Durchhalten geschöpft haben. Es will den Blick hinwenden auf Gott, der sich in ewiger Gnade des Bittenden erbarmt (Jes. 54,8).

J. L.

Vigil

Der Herr, mein Gott, macht meine Finsternis licht

Psalm 18,29

Mein Leben hat sich so total anders gestaltet, als ich es mir damals vorgestellt hatte, aber doch kann ich offen sagen: Bene fecit omnia (er hat alles gut gemacht) – nämlich Gott und nicht ich! Manches Mal möchte die Zukunft als großes Fragezeichen vor mir aufsteigen, aber ich beantworte es jedesmal mit meiner ganzen Hingabe an Gott, der die alleinige Sicherheit ist und dessen Führung ich mich ganz anvertraue. Darum habe ich auch keine wirklichen Zukunftssorgen, von deren Unnützlichkeit ich fest überzeugt bin.

Adalbert von Neipperg

Höre, Seele, die du dich in den Hafen sehnst nach dem Sturm und den Wogen der Welt: Wer draußen auf dem Meer ist, der soll sich vor nichts fürchten, wenn der mit ihm ist, der den Stürmen gebieten kann und den Wogen befehlen, daß sie das Schiff in einen ruhigen Hafen leiten und führen.

Birgitta von Schweden

Einer meiner edelsten Bekannten, ein alter Dominikanerpater, hat mir gesagt: »Man kann auf alles verzichten, sogar auf Tugend, auf alles außer auf einen guten Tod.« – Wenn Ihnen Gott den Schmerz zufügt, so viele von den Menschen, die Sie am meisten geliebt haben, hinscheiden sehen zu müssen, so hat Er Ihnen andererseits die Gnade erwiesen, diese alle mit jenem allein Notwendigen fortgehen zu sehen. Der Tod, als Strafe über unseren Urvater verhängt, bleibt eine Strafe. Beim Tod eines Christen besteht aber sein ganzer Schmerzgehalt für die Hinterbliebenen in der Trennung, in der Leere; die grausige Erinnerung an die letzten Augenblicke ist ihr Teil. Für den Dahingeschiedenen bedeutet der Tod hingegen Frieden, die Gewißheit ewiger Glückseligkeit, unwandelbare Geborgenheit; selbst wenn er nicht sofort in den Himmel einziehen kann, hat er die Gewißheit, bald hineinzukommen, und sein Leben ist von nun an ganz Liebe und Vollendung. Er sieht die Menschen, die er verlassen hat, er liebt sie noch viel mehr und viel besser als hienieden und steht ihnen mit seinen Gebeten und allen ihm von Gott gegebenen Möglichkeiten bei.

Charles de Foucauld

Das Gebet ist der Aufstieg des Geistes zu Gott oder eine Bitte an Gott um das uns Zukömmliche.

Johannes von Damaskus

Lieber Alfred Sebastian,

es ist viel, was ein Mensch in seinem Leben leisten muß. Fleisch und Blut allein schaffen es nicht. Wenn ich jetzt in München wäre, würde ich Dich in diesen Tagen taufen, das heißt: ich würde Dich teilhaft machen der göttlichen Würde, zu der wir berufen sind. Die Liebe Gottes, einmal in uns, adelt und wandelt uns. Wir sind von da an mehr als Menschen, die Kraft Gottes steht uns zur Verfügung. Gott selbst lebt unser Leben mit, das soll so bleiben und immer mehr werden, Kind. Daran hängt es auch, ob ein Mensch einen endgültigen Wert hat oder nicht. Und er wird ein wertvoller Mensch werden. – Ich lebe hier auf einem sehr hohen Berg, lieber Alfred Sebastian. Was man so leben nennt, das ist weit unten, in verschwommener und verworrener Schwärze. Hier oben treffen sich die menschliche und die göttliche Einsamkeit zu ernster Zwiesprache. Man muß helle Augen haben, sonst hält man das Licht hier nicht aus. Man muß gute Lungen haben, sonst bekommt man keinen Atem mehr. Man muß schwindelfrei sein, der einsamen, schmalen Höhe fähig, sonst stürzt man ab und wird ein Opfer der Kleinheit und Tücke. – Das sind meine Wünsche für Dein Leben, Alfred Sebastian: helle Augen, gute Lungen und die Fähigkeit, die freie Höhe zu gewinnen und auszuhalten. Das wünsche ich nicht nur Deinem Körper und Deinen äußeren Entwicklungen und Schicksalen, das wünsche ich vielmehr Deinem inneren Selbst: daß Du Dein Leben mit Gott lebst als Mensch in der Anbetung, in der Liebe, im freien Dienst. Es segne Dich und führe Dich der allmächtige Gott, der Vater, der Sohn und der Heilige Geist.

Dein Patenonkel *Alfred Delp.*

Das habe ich mit gefesselten Händen geschrieben; diese gefesselten Hände vermach' ich Dir nicht; aber die Freiheit, die die Fesseln trägt und in ihnen sich selbst treu bleibt, die sei Dir schöner und zarter und geborgener geschenkt.

Ein jeder bedarf, sofern er wirklich Mensch ist, der Barmherzigkeit Gottes.

Origenes

Ich bete in allem den Willen Gottes an, was er auch über mich verhängen mag.

Johannes Baptist de la Salle

Was du jetzt noch nicht siehst, einst wirst du es erkennen. Was du jetzt für ein Hindernis hältst, wird dir später ein wirksames Heilmittel sein. Ich könnte dir hierfür aus der Heiligen Schrift Beispiele anführen wie Joseph in Ägypten und viele andere. Ich will es jedoch nicht tun. Glaube meiner Erfahrung, daß es so ist.

Vinzenz Ferrer

Gott ist allezeit zum Helfen bereit und hilft auch wirklich, nur tut Er es in diesen heiligen Tagen auf seine besondere Weise.

Joseph Cafasso

An den notwendigen Mitteln hat es mir bis jetzt nicht gefehlt, die hat Gott in seiner Hand. Er nimmt bei der Verwirklichung seiner Pläne manchmal wenig angesehene Werkzeuge.
Gott hat mir immer geholfen. Er wird mir auch künftig helfen.

Don Bosco

Das ist das Los des Menschen auf Erden: den Kreuzweg gehen. Wer das Leid in seinem Leben ausschalten will, der versteht nichts von der Nachfolge Jesu Christi. Ich glaube, daß solche Stunden und Tage der Heimsuchung nur dazu dienen werden, eine christusgläubige und christusliebende Seele innerlich reicher, wertvoller, kostbarer zu machen.

Rupert Mayer

Wo Liebe ist und Weisheit, da ist weder Furcht noch Ungewißheit; wo Geduld und Demut, weder Zorn noch Aufregung; wo Armut und Freude, nicht Habsucht und Geiz; wo Ruhe und Besinnung, nicht Zerstreuung und Haltlosigkeit.
Wo die Furcht des Herrn das Haus bewacht, findet der Feind keine Gelegenheit einzudringen. Und wo Erbarmen wohnt und Verstehen, kennt man nicht Überfluß und Verhärtung des Herzens.

Franziskus von Assisi

Wir dürfen nie vergessen, daß Gott alles wohl macht, wenngleich wir den Grund von dem, was Er tut, nicht einsehen. Wir müssen Vertrauen auf Gott haben, der ist, was Er allezeit gewesen; wir dürfen nicht mutlos werden, weil uns Widerwärtigkeiten treffen. Wir müssen Widerwärtigkeiten, die Gott uns schickt, annehmen, ohne viel darüber nachzugrübeln. Und wir dürfen es als gewiß annehmen, daß es das Beste ist, was uns begegnen konnte.

Philipp Neri

Klug handeln die Menschen, die durch Unglück sich belehren lassen, und, nachdem sie geläutert worden sind, bekennen: »Es ist gut für mich, daß Du, mein Gott, mich gedemütigt hast, damit ich Deine Gebote lerne.« Demütigung erwirkt Verständnis für die Gebote. Diese Menschen machen die gleiche Erfahrung wie Petrus, der in dem Augenblick, da er zu versinken drohte, um Hilfe rief: Infolge ihres Leides kommen sie Gott näher; in ihrer Bedrängnis finden sie zum Helfer. Denn eine bekümmerte Seele ist Gott nahe, und Not führt zu dem, der geben und helfen kann, der aber wohl verachtet würde, wenn Er immer und uneingeschränkt hülfe. Darum wollen wir die Herzen erheben und zu jeder Zeit und in jeder Lage die Hoffnung bewahren! Wir wollen in der Freude nicht der Gottesfurcht vergessen und im Leid die Hoffnung niemals aufgeben. Denken wir bei heiterem Himmel an den Sturm und im Sturm an den Steuermann! Wir wollen in Not und Bedrängnis nicht mißmutig werden, sonst sind wir wie schlechte Knechte, die ihren Herrn rühmen, solange er nachsichtig ist, und ihn verlassen, sobald er straft. Denn zuweilen ist dem Menschen Schmerz dienlicher als Gesundheit, Erdulden besser als Ruhm, Anspannung nützlicher als Ausspannung,

Zurechtweisung förderlicher als Nachsicht. So wollen wir in guten Tagen nicht übermütig werden und im Unglück nicht verzagen und zusammenbrechen.

Gregor von Nazianz

Allein das beständige Gebet erhellt und erleuchtet die Seele, festigt und verwandelt sie und erhebt sie zu Gott.

Angela von Foligno

Der Glaube ist das Gehör der Seele, und auf diesen Glauben weist der Herr mit den Worten hin: »Wer Ohren hat zu hören, der höre!« Damit der Mensch durch den Glauben wirklich versteht, was der Herr sagt, so, wie der Herr es meint.

Klemens von Alexandria

In allen Betrübnissen und Leiden sei geduldig und ergib Deinen Willen in Gottes Willen, dann wird Christus in Dir leben mit Seinem Trost, Er wird mit Dir leiden und alle Deine Lasten mit Dir tragen. Denn Er ist mächtig; und niemand wird Dich über Deine Kräfte beschweren und beladen können.

Jan van Ruysbroeck

Bei meinem Glauben versichere ich, ich habe Gott nie gebeten, mich hier fortzubringen, noch mich vom Tode zu erretten, sondern habe alle Dinge einzig und allein Seinem Willen überlassen, sieht Er doch besser als ich selbst, was mir zum besten dient.

Thomas Morus

Gott von Gott, wahrer Gott vom wahren Gott! Wir bekennen, daß Du gut bist; Deine Güte stehe uns bei! Laß uns doch nicht mit dem Satan in die Hölle und in die Pein eingehen! Wir kennen Dich als den Barmherzigen, verbirg uns unter den Flügeln Deiner Barmherzigkeit! Wir bekennen Dich als das Licht und uns als Knechte unter Deiner Hand. Laß nicht zu, daß der Böse uns Dir entreiße und wir uns gegen Deine Herrschaft frech empören! Als den Gerechten kennen wir Dich; sei uns, Herr, Gerechtigkeit! Als den Erlöser kennen wir Dich; erlöse und errette uns vom Bösen! Als den Heiligen preisen wir Dich; möchten wir doch durch Dein Fleisch und Dein Blut geheiligt werden! Von den Erlösten, die Dein Fleisch aßen und Dein kostbares Blut tranken, ertöne Dir Preis, und über uns komme Deine Erbarmung, o Gütiger, der Du Dich der Sünder erbarmst!

Ephräm der Syrer

Es ist ein sehr gefährliches Ding, sich von einer besonderen Anhänglichkeit gegen ein Geschöpf oder ein geschaffenes Gut treiben zu lassen.

Aloysius von Gonzaga

Es schickt sich nicht für euch, daß ihr euch betrübt, da der Schöpfer mit Seinem Geschöpf ohne unseren Willen tun kann und muß, was Seiner Güte gefällt. Gottes Wirken an uns und für uns muß unser Trost sein, zumal wir Seine Geschöpfe sind.

Hedwig von Schlesien

Alle Tage deines Lebens schaue auf Gott, liebe unseren Heiland Jesus Christus über alles in der Welt; wenn du Ihn sehr liebst, wird Er auch dich sehr lieben. Sei immer liebevoll, denn wo keine Liebe ist, da ist Gott nicht, wenn auch Gott an jedem Orte ist.

Johannes von Gott

Da die Seligkeit nichts anderes ist als der Genuß des höchsten Gutes, dieses aber über uns erhaben ist, so kann nur der selig werden, der über sich selbst hinaussteigt, nicht dem Leibe, sondern dem Herzen nach. Über uns selbst aber können wir nur erhoben werden durch eine höhere Kraft, die uns emporzieht. Denn wie sehr auch die Stufen in unserem Inneren wohlgeordnet sein mögen, es nützt nichts, wenn Gottes Hilfe uns nicht zur Seite steht. Die göttliche Hilfe aber begleitet jene, die aus demütigem und andächtigem Herzen bitten; und das heißt, zu Ihm aufseufzen in diesem Tränentale, und geschieht durch feuriges Gebet. Das Gebet ist also Mutter und Ursprung aller Seelenerhebung.

Bonaventura

Im Licht des Glaubens bin ich stark, standhaft und beharrlich; im Licht des Glaubens hoffe ich: das läßt mich nicht schwach werden auf dem Weg, und ohne dieses Licht ginge ich in der Finsternis. Darum, ewiger Vater, mögest Du mich mit dem Licht des heiligsten Glaubens erleuchten.

- *Katharina von Siena*

Wenn Du die Freiheit des Geistes bewahren und die wahre Liebe zwischen Dir und Gott festhalten willst, wenn Du Deiner selbst mächtig bleiben willst, dann übergib Dich mit freiem Herzen Gott und binde Dich an niemanden, der Dich von Ihm wegziehen könnte oder dem Du selbst in Liebe und Neigung anhängst, denn, wer einen anderen, den er doch vielmehr zu Gott hinführen sollte, an sich lockt und ungerechterweise an sich fesselt, der ist verdorben und betrügerisch und Gott entgegengesetzt. Auch selbst der Erlöser des Menschengeschlechtes, der Sohn des lebendigen Gottes, hat niemanden an sich herangezogen, sondern hat durch Sein Beispiel Seine Jünger und alle Geschöpfe an Seinen himmlischen Vater verwiesen.

Jan van Ruysbroeck

Erlaube nie deinen Wünschen, und seien sie noch so klein, daß sie dein Herz beunruhigen! Denn wenn erst kleine Wünsche den Boden für eine Unordnung gelockert haben, so kommen bald größere und große hinterdrein. Wenn du eine Unruhe kommen fühlst, so empfiehl dich Gott und nimm dir vor, nichts von dem zu tun, wozu dich die innere Unruhe drängt, bis deine Seele wieder still geworden ist. Und wenn eine Entscheidung sich nicht gut verschieben läßt, so halte mit sanftem, aber festem Willen deine Wünsche am Zügel, um nicht fortgerissen zu werden zu dem, was die Begierde dir eingibt, sondern damit du selbst die Herrschaft behältst nach dem Urteil der Vernunft!

Franz von Sales

Laudes

Meine Seele hofft auf den Herrn,
  Er ist mein Schutz und meine Hilfe.

Psalm 33,20

Es ist noch keine Versuchung über euch gekommen, die Menschen überfordert. Gott aber ist treu; Er wird es niemals zulassen, daß ihr über eure Kräfte hinaus versucht werdet, sondern Er wird der Versuchung so ein Ende bereiten, daß ihr sie ertragen könnt.

Paulus

Denken Sie daran, wie man Kupfer putzt: man beschmiert das Geschirr mit Schlamm, mit einem Stoff, der beschmutzt und trüb macht; nachher, wenn dieser abgerieben ist, glänzt das Geschirr wie Gold. Sehen Sie, die Versuchungen sind für die Seele wie dieser Schlamm: sie dienen nur dazu, die entgegengesetzten Tugenden in uns erglänzen zu lassen.

Theresia von Lisieux

Wir sind auf den Weg gestellt. Wohin Gott uns führen will, wie weit Er uns erheben will, das alles ist Gottes Sache. Von aller Ewigkeit her steht in Gott das Urbild unseres Selbst; wie es gestaltet ist, weiß Er allein; unsere Aufgabe ist es nur, uns restlos Gott hinzugeben, damit Er uns nach diesem Urbild gestalten könne.

Adalbert von Neipperg

Alle meine Worte und Taten sind in Gottes Hand. Auf Ihn allein verlasse ich mich.

Johanna von Orléans

Ein gutes Werk oder eine Arbeit, die du angefangen hast, lasse niemals unvollendet liegen! Hüte dich davor, in der Liebe zu Gott nachzulassen! Was immer du auch tun willst, führe es in Geduld zu Ende: denn wenn du geduldig alles auf dich nimmst, wird Gott dir helfen bei all deinem Tun und in allem, was dir begegnet und dir widerfährt.

Antonius der Große

Der Lärm der Welt verwirre Dich nicht, sie vergeht wie Schatten. Eitle Bilder einer trügerischen Welt mögen Dich nicht betören. Verschließe Dein Ohr vor den Einflüsterungen des Bösen und zerbrich unerschrocken seine Versuchungen. Leiden ertrage willig, und lasse Dich durch günstige Dinge nicht überheblich machen. Leiden nämlich fordern dringend den Glauben, und günstige Dinge vertreiben ihn. Blicke auf zum Himmel, der uns einlädt, und nimm Dein Kreuz und folge Christus, der uns vorangeht.

Klara von Assisi

Wenn eine Versuchung an dich herankommt und du sie wahrnimmst, dann mache es wie die kleinen Kinder, wenn sie ein böses Tier, einen großen Hund heranrennen sehen: sie flüchten sich in die Arme des Vaters oder der Mutter oder sie rufen sie zu Hilfe. So nimm auch du deine Zuflucht zu Gott und rufe Seine barmherzige Hilfe an! Auf dieses Heilmittel weist uns unser Erlöser selbst: »Betet, damit ihr nicht in Versuchung fallet!«

Franz von Sales

Der Wille Gottes ist das Heil der Menschen. Wenn wir uns entschließen, zu Gott zu sagen: »Dein Wille geschehe, auch in mir«, so müssen wir bereit sein, einem Leben zu widerstehen und zu entsagen, das im Gegensatz zum göttlichen Willen steht, und wir müssen ungefähr folgende Gedanken mit unserem Gebet verbinden:

»Während meines zurückliegenden Lebens, mein Gott, trieb und beherrschte mich ein Wille, der dem Deinen entgegengesetzt war; ich war wie ein Knecht des höllischen Zwingherrn, und gleichsam wie ein Henker führte ich die tödlichen Befehle des bösen Feindes an mir selbst aus. Erbarme Du Dich, mein Gott, über meine Unvollkommenheit und gib, daß endlich Dein heiliger Wille in mir geschehe!

Wie in den dunklen Winkeln einer Höhle – trägt man ein Licht hinein – die Finsternis schwindet, so weicht von mir jegliche böse und niedrige Regung des Willens, sobald Dein Wille in mir geschieht. Mäßigung wird das leidenschaftliche Begehren des Herzens stillen, Demut den Hochmut vernichten und Bescheidenheit die Krankheit der Selbstüberhebung heilen, und die Liebe wird endlich alle Laster aus der Seele vertreiben.

Es geschehe also Dein Wille, damit der böse Wille des Teufels, der Wille zum Bösen, zunichte werde!«

Gregor von Nyssa

Ein Mensch ohne Gebet gleicht einem Tier ohne Vernunft.

Philipp Neri

Herr, ich weiß nicht, was ich für meinen Leib von Dir erbitten soll; aber Du weißt, was mir – und ihm – nützlich ist und guttut. Wenn es Dir gefällt, dann soll er kräftig und gesund sein; und wenn Du es so willst, dann soll er matt, siech und krank werden; und wenn es Dir gefällt, daß er sterben soll, dann mag er sterben: allein der Geist, die Seele soll an diesem, Deinem Tag gerettet werden und nicht verlorengehen. Wegen meines Leibes bitte ich Deine Barmherzigkeit nur um das eine: Lehre mich, solange ich lebe, wie ich ihn beherrschen und bewahren soll, damit ich keinem seiner Wünsche und Begehren nachgebe und ihm nichts entziehe, dessen er bedarf.

Wilhelm von St. Thierry

Mein Gott, ich möchte Dich lieben und Dir dienen mein ganzes Leben lang. Deshalb schenke ich Dir meine Seele, mein Herz, mich selbst ganz. Ich will lieber sterben als Dich durch eine Sünde beleidigen. Deshalb will ich alles vermeiden, was mich von dir trennen könnte. Ich nehme mir vor, alles zu tun, was ich kann, damit Du erkannt und geliebt wirst, um die Beleidigungen, die Du jeden Tag von den Menschen, besonders von meinen Angehörigen erfährst, gutzumachen. Mein Gott, schenke mir ein Leben der Liebe und des Opfers.

Laura del Carmen Vicuña

Du mein Gott, Du bist überreich an Erbarmen.
Erhalte mich immer in Gemeinschaft mit Dir, meinem verborgenen, aber lebendigen Gott. Du bist in der Tiefe meines Herzens; Du bist das Leben meines Lebens.
Durch Natur und Gnade bist Du in mir. Ich sehe Dich in der Welt der Sinne nur dunkel, aber ich vernehme Deine Stimme im eigenen, innersten Bewußtsein. Ich wende mich zu Dir und rufe: »Mein Meister! Bleibe bei mir; und wenn ich versucht werde, Dich zu verlassen, dann verlasse Du mich nicht, Du mein Gott!«

John Henry Newman

Der Teufel führt die guten Seelen irre, indem er sie anstachelt, mehr zu tun, als sie können, damit sie nichts zustande bringen. Der Geist Gottes dagegen drängt ganz mild, das Gute zu tun, das man vernünftigerweise tun kann, damit man es beharrlich und treu vollbringe.

Vinzenz von Paul

Die wahre Furcht Gottes hat nicht die Unruhe, sondern Frieden und Freude in ihrem Gefolge. Sie müssen mit Gott, der unendlichen Güte, einfach und vertraulich umgehen und das tun, was Sie für gut halten, und vorwärts gehen.

Alfons von Liguori

Drei Dinge sind vor allem zu fürchten und zu fliehen:
Äußere Unordnung im Tun.
Innere Überhebung.
Ungeordnete Liebe zu irdischen Dingen: irdische Zuneigung zu sich selbst, zu Verwandten, zum Orden.

Vinzenz Ferrer

Wenn die böse Macht versucht, uns zum Bösen zu verlocken und zu verleiten, steht es in unserer Macht, diese verführerischen Einflüsterungen abzuweisen und den schmeichlerischen, verderblichen Verlockungen zu widerstehen und nichts vor Gott Schuldbeladenes zu tun.

Origenes

Jesus liebt es, die Seelen, die Ihm teuer sind, oft mit Kreuzen heimzusuchen. Und Sie müssen sich darauf vorbereiten, auf diesem Pfad mit viel Mut voranzugehen, im Gedanken, daß der Weg zum Paradies nicht immer durch Süßigkeit und Blumen führt, sondern auch durch Dornen und Geröll. Da Sie wünschen, daß Ihr Herz dem Heiligsten Herzen Jesu ähnlich werde, müssen Sie bereit sein, auch mit Jesus das Kreuz zu tragen und den Kalvarienberg zu ersteigen. Dies soll Sie jedoch nicht kleinmütig machen, denn, will der Herr Sie durch diese Opfer prüfen, wird Er Ihnen auch die nötige Gnade schenken, um sie mit heiligem Mut zu ertragen.

Pius X.

Tut, was ihr könnt. Gott wird tun, was wir nicht können. Vertraut alles Jesus im Sakrament und Maria, Hilfe der Christen, an, und ihr werdet erleben, was Wunder sind.

Don Bosco

Wenn eine Taube einen Haufen Weizenkörner gefunden hat, so trägt sie den nicht ganz fort, sondern sie pickt hier und da die Körner heraus, die ihr am meisten gefallen: So tue auch du, wenn du das Wort Gottes hörst oder liest. Du kannst nicht alles mit dem Verstand erfassen und behalten, vielmehr lies dir einiges heraus, wodurch du dein Gedächtnis übst, und überlege bei dir selbst: »Was will Gott mir durch dieses Wort sagen, und was trägt Er mir damit auf?«

Mechthilde von Hackeborn

Der sündigt gegen die Weisheit Gottes, der mit seinem Verstand sündigt; denn der Verstand des Menschen ist dazu erschaffen, Gottes Weisheit zu schauen.

Origenes

Der Gehorsam ist ein Messer, das den Eigenwillen schlachtet und ihn Gott, dem Allerhöchsten, aufopfert; der Gehorsam ist ein Wagen, der ganz bequem zum Himmel fährt; der Gehorsam ist ein Hündchen, das einen Blinden leitet. Heiliger Gehorsam! Ach heiliger Gehorsam, den Gott selbst ehrt!

Joseph von Copertino

Manchmal gibst Du, Gott, zwar dem Feind Macht, uns in Versuchung zu führen, aber nur, um uns zu prüfen, zu stärken. Und wenn Du siehst, daß wir voll Vertrauen uns auf Deine Hilfe verlassen, dann kämpfst Du für uns unseren Kampf. Und in Deiner freigebigen Liebe übernimmst Du das Kämpfen, und uns schenkst Du den Sieg.

Gertrud die Große

Wenn wir darum beten, Gott möge uns nicht in Versuchung führen, wie kann es dann geschehen, daß die Tugend der Standhaftigkeit und die Treue unseres Herzens geprüft und bestätigt wird, gemäß jenem Schriftwort: »Jeder Mensch, der nicht versucht worden ist, der ist nicht erprobt«, oder, wie es an anderer Stelle heißt: »Selig ist der Mann, der Versuchung standhaft erträgt«? Dieses: ». . . und führe uns nicht in Versuchung« heißt also nicht, daß Gott nicht zulassen möge, daß wir versucht werden, sondern vielmehr, daß wir, in Versuchung geführt, nicht schwach werden und in der Versuchung unterliegen, von ihr überwältigt werden. Hiob zum Beispiel wurde versucht, aber er ist durch die Versuchung nicht verführt worden und unterlag nicht. Weder verhielt er sich Gott gegenüber wie ein unverständiger Tor, noch ließ er sich zu dem verführen, was der Versucher wollte: nämlich daß Hiob Gott fluche. Abraham wurde versucht, Jakob wurde versucht, aber keiner von beiden wurde durch die Versuchung verführt, da keiner von beiden nach dem Willen des Versuchers tat. Deshalb folgt ja die Bitte: ». . . sondern erlöse uns von dem Bösen . . .«, das heißt: Gott möge nicht zulassen, daß wir über unsere Seelenkraft versucht werden, sondern Er möge gnädig unserer Versuchung ein Ende machen, so daß wir es ertragen und daß wir standhalten können.

Johannes Cassianus

Der Anblick von furchtsamen Personen, die im Finstern herumtappen in Dinge, die sie selbst vernünftigerweise meiden könnten, betrübt mich und nötigt mich, zu Gott und zu den Heiligen zu rufen, die Dinge vollbrachten, deren Erhabenheit uns jetzt in Staunen versetzt. Dies sage ich nicht deshalb, weil ich auf mich etwas halte, sondern weil ich glaube, daß Gott denen seinen Beistand gewährt, die aus Liebe zu Ihm große Werke vollbringen. Gott verläßt niemals den, der auf Ihn allein sein Vertrauen setzt.

Theresia von Avila

Man versteht das religiöse Leben falsch. Schaut, meine Kinder, da ist z. B. eine Person, die am Morgen an ihre Arbeit gehen muß; ihr aber geht es durch den Kopf, sie müsse gewaltige Bußwerke auf sich nehmen, sie müsse die halbe Nacht im Gebet verbringen. Wenn sie vernünftig ist, wird sie sich sagen: »Nein, das muß ich lassen, denn sonst kann ich morgen meine Pflicht nicht erfüllen; ich werde morgen schläfrig sein, die geringste Kleinigkeit wird mir auf die Nerven gehen, ich werde den ganzen Tag unerträglich sein, und ich werde nicht die Hälfte der Arbeit wie sonst nach einer guten Nacht leisten ...«
Eine Person, die ihre Religion kennt, hat immer zwei Führer: Rat und Gehorsam.

Jean-Baptist-Marie Vianney (Pfarrer von Ars)

Wenn der böse Feind uns niederdrückt und zu Boden tritt, müssen wir uns im wahren Glauben und in fester Hoffnung zum Herrn emporschwingen, uns die von Ihm erhaltenen Gnaden aufzählen und beherzigen, mit welcher Liebe und Fürsorge Gott für das Heil unserer Seele wirkt. Dem bösen Feind aber ist es gleichgültig, ob er die Wahrheit spricht oder lügt – wenn er uns nur betrügen kann.

Ignatius von Loyola

Terz

Mit einem willigen Geist rüste mich aus.
Psalm 51,14b

Das Wesen der Gottesliebe besteht nicht aus Gefühlen, auch nicht aus süßen, gefühlvollen Worten, sondern nur aus Wollen.

Maximilian Kolbe

Es bedarf nicht viel zur Heiligkeit. Das beste, fast das einzige Mittel ist, daß man sich gewöhnt, den Willen Gottes in allen Dingen zu tun.
Die Vollkommenheit besteht nicht darin, daß man Verzückungen hat, sondern in der treuen Erfüllung des göttlichen Willens.

Vinzenz von Paul

Immer, wenn etwas Unangenehmes oder Schmerzliches an uns herantritt, sollen wir aus dem Religiösen, aus dem Reichtum der Begebenheiten im Leben Christi schöpfen. Dann werden wir glücklich. Das ist es, was dem Weltmenschen fehlt und warum er überwältigt wird von den Ereignissen. Wir aber lernen durch die Betrachtung. Das ist das Wichtigste an ihr: nicht, daß man erschüttert wird, sondern daß wir aus ihr lernen für unser tägliches Leben, wie wir uns im Alltag, im Leiden zu verhalten haben.

Rupert Mayer

Ich will dir das Rezept für Heiligkeit schenken; so heißt es:

Erstens: Frohsinn. Das, was dich beunruhigt und dir den Frieden nimmt, stammt nicht von Gott.

Zweitens: Deine Pflichten und deine Gebetspflichten erfüllen: Aufmerksamkeit und Fleiß bei der Arbeit oder beim Lernen und Bemühen im Gebet, und zwar nicht aus Ehrgeiz, sondern aus Liebe zu Gott.

Drittens: Den anderen Gutes tun. Hilf deinem Nächsten immer, auch wenn es dich Opfer kostet.

Darin liegt die Heiligkeit.

Don Bosco

Möge sich niemand der Täuschung hingeben, daß er sich dereinst in großen Dingen auszeichnen wird, wenn er sich nicht zuerst im Kleinen bewährt hat!
Es gibt viele Arten des Eifers, oder sagen wir besser – der Versuchungen: so gibt es Leute, die mit allerlei feinen Kniffen und Schlichen unter dem Vorwand der Frömmigkeit und des Seeleneifers versuchen, sich ein klein wenig von der Last des Kreuzes zu drücken, um auf diese Weise ihren eigenen Willen nicht verleugnen zu müssen, weil sie nicht schlicht verrichten wollen, was ihnen aufgetragen ist im Gehorsam; sie hegen feurige Wünsche nach großen Heldentaten und merken gar nicht, daß, wenn es an Tugend im Kleinen gebricht, es noch mehr am Vollbringen im Großen mangelt.

Franz Xaver

Schöne heilige Gedanken denken, Heiligenleben schildern – das alles wiegt es nicht auf, einer Frage, einer Bitte liebevoll Antwort zu geben.

Theresia von Lisieux

Gebet, Schriftlesung und Wachen festigen ein schwankendes Gemüt und ein unruhiges Herz. Notwendige Arbeit und zwingende Mühen kühlen wie Wasser brennende Begierde. Psalmenbeten, Erbarmen und Langmütigkeit aber besänftigen verwirrenden Zorn.

Angela von Foligno

Wer die Liebe hat, ist reich und weiß es nicht. Wer die Liebe nicht hat, hat nichts, er ist arm und weiß es nicht. Die Liebe und die Barmherzigkeit sind die höchste Glückseligkeit.

Joseph von Copertino

Es ist Gottes Wille, und es muß uns das gefallen,
was Gott will und was Gott unserem Herrn gefällt.

Hedwig von Schlesien

Alle Tugenden werden vom Hochmut ausgelöscht, durch die Auswirkungen seiner Herrschaft zerstört er alles Vermögen der Seele, Demut aber macht bereit für die Weisheit.

Thomas von Aquino

Gott weiß, wie Er die Schwachen und die Starken zu behandeln hat. Den Schwachen gibt Er Trost und Frieden und leitet alles zum Besten. Den Stärkeren schickt Er manches Kreuz und Mißgeschick in jeder Beziehung. So erweitert Er die Herzen, und je mehr über ihn (den Starken) kommt, desto mehr kommt er zur Erkenntnis und lernt die verschiedenen Kreuze und Widerwärtigkeiten tragen und auch den Wert derselben erkennen. Würden wir den Wert der Demütigungen und Leiden erkennen, unser Herz würde so groß und so weit, daß wir mit Gottes Gnade alle Leiden der ganzen Welt tragen möchten.
Darum sind wir ja auch oft so unruhig und zerstreut bei der Arbeit, weil unser Inneres nicht vom übernatürlichen Eifer belebt ist und man sich vor Mißgeschick oder Demütigung fürchtet. Je reiner die Absicht und von jeder Eigenliebe und Eigennutz frei ist, desto ruhiger und in Gott gesammelter arbeiten wir.

Ulrika Nisch

Der Herr will, daß die Bösen zugleich mit den Guten wachsen, damit die Guten durch Betrübnis, Quälerei und Verachtung geübt werden. Denn so kann die Liebe zu Gott Wurzeln schlagen und sich fest gründen bis in den Tod.

Jan van Ruysbroeck

Immer, wenn du allein bist, dann erfülle dreierlei mit großer Sorgfalt: die Arbeit deiner Hände, die Psalmenlesung und deine Gebete.

Antonius der Große

Wenn ein Mensch seine Seele zur Höhe der Beschauung Gottes nicht erheben kann, so soll er sich nicht betrüben; er soll sich vielmehr bemühen, alle seine Aufgaben und Verpflichtungen zu erfüllen und dabei immer die Furcht Gottes im Herzen haben und alle Werke auf Gott hin ausrichten, sie gleichsam vor Gottes Angesicht tun.

Elisabeth von Schönau

Wir wollen Gott lieben mit der Arbeit unserer Hände und im Schweiße unseres Angesichts.

Vinzenz von Paul

Der Mensch, der vor Gott wohlgefällig leben will, der bemühe sich, dreierlei zu erfüllen. Zum ersten: Er soll seinem Nächsten in allen seinen Nöten und Ängsten getreu zur Seite stehen und dessen Mängel und Verfehlungen – so gut und so viel er vermag – mindern und entschuldigen. Wer so handelt, dem wird auch Christus in allem, dessen dieser Mensch bedarf, getreulich helfen, seine Versäumnisse tilgen und ihn bei Gott dem Vater entschuldigen.
Zum zweiten: Dieser Mensch soll in allen seinen Bedrängnissen zu Christus allein seine Zuflucht nehmen und keinem anderen Menschen seine Leiden klagen; er soll allein vor Christus die Nöte seines Herzens ausbreiten, denn Christus allein wird den Menschen in all seinem Kummer niemals verlassen.
Zum dritten: Er soll mit Christus in der Wahrheit wandeln. Dann wird Christus ihn an seinem Ende mit liebevoller Umarmung umfangen wie eine Mutter ihr geliebtes Kind, auf daß er ewig ruhe.

Mechthilde von Hackeborn

Niemals ein gutes Werk verschieben, weil es nur unbedeutend sei, im Gedanken, zu gelegener Zeit größere Werke zu tun. Das ist nämlich eine gar gewöhnliche Versuchung des bösen Feindes, uns immer die Vollkommenheit zukünftiger Großtaten vorzuspiegeln und uns so zu verleiten, daß wir das verachten, das vor der Hand liegt.

Ignatius von Loyola

Seid sanft und demütig von Herzen, so ruht der Geist Gottes in eurer Seele. Seid freundlich, eifrig und gütig zu jedem, der eurer bedarf!

Jan van Ruysbroeck

Jesus stellte mir das Buch der Natur vor Augen, und ich begriff, daß alle Blumen, die Er geschaffen hat, schön sind, daß die Pracht der Rose und der weiße Glanz der Lilie dem kleinen Veilchen seinen Duft nicht rauben noch dem Maßliebchen seine entzückende Schlichtheit. Ich begriff, wenn alle kleinen Blumen Rosen sein wollten, so verlöre die Natur ihren Frühlingsschmuck, und die Fluren wären nicht mehr übersät mit kleinen Blümchen. Nicht anders verhält es sich in der Welt der Seelen, die der Garten Jesu ist. Er wollte die großen Heiligen schaffen, vergleichbar den Lilien und Rosen; aber Er hat auch die kleinen geschaffen, und diese sollen sich begnügen, Maßliebchen oder Veilchen zu sein, dazu bestimmt, die Blicke des lieben Gottes zu erfreuen, wenn Er sie zu seinen Füßen erniedrigt. Die Vollkommenheit besteht darin, Seinen Willen zu tun, das zu sein, was Er will, daß wir seien.

Theresia von Lisieux

Doch gab mir mein Gewissen ein, daß in einem solchen Fall der Rettung meines Leibes der Verlust meiner Seele entgegenstünde, und so danke ich unserem Herrn, daß in diesem Konflikt schließlich der Geist die Herrschaft gewann, und der Verstand mit Hilfe des Glaubens am Ende entschied, daß dies ein Fall ist, in dem ein Mann seinen Kopf verlieren kann, ohne daß ihm ein Leids geschieht, sondern daß er anstelle von Leid unschätzbare Wohltaten aus der Hand Gottes empfängt. Darum lieber ungerecht hingerichtet werden, weil man recht handelt!

Thomas Morus

Keine Leidenschaft ist für die Seele des Menschen verderblicher als der Neid, der zwar andere sehr wenig betrübt, aber für den, der damit behaftet ist, das größte, eigentlich das Grundübel ist. Denn wie der Rost das Eisen, so verzehrt der Neid die Seele, die mit ihm behaftet ist. Ja, noch mehr: wie man von Nattern sagt, sie durchnagten bei der Geburt den Leib ihrer Mutter, ebenso pflegt auch der Neid die ihn erzeugende Seele zu verzehren. Der Neid ist die Betrübnis über das Wohlergehen des Nächsten, daher verlassen weder Kummer noch Mißmut den Neidischen.

Wenn du aber die menschlichen Dinge mit Vernunft betrachtest und auf das wirklich Gute, Lobenswerte und Bleibende siehst, dann wirst du weit davon entfernt sein, auch nur etwas von den begehrenswerten und irdischen Dingen für glückselig und beneidenswert zu halten.

Basilius der Große

Kein Wert ist in bösen Taten. Nur in guten Werken schafft der Mensch Werte: das sind die Werke des Heiligen Geistes.

Hildegard von Bingen

Wer immer der Seele seines Mitmenschen nützen und ihn durch Worte erbauen will, soll vor allen Dingen selbst besitzen, was er andere lehren will. Er wird sonst wenig Nutzen stiften. Seine Lehre wird ohne Wirkung bleiben, wenn nicht vorher die Menschen die Überzeugung gewonnen haben, daß er im Werk vollbringt, was er lehrt, und zwar im vollkommenen Maße.

Vinzenz Ferrer

Denen, die richtig erkennen können, was ihnen wahrhaft das Heil bringt, wird nichts liebenswerter erscheinen als der Ernst des göttlichen Gesetzes Christi und die Tochter dieses Gesetzes, die Gottesfurcht. Wenn vom Gesetz gesagt wird, daß es die Saiten zu hoch spanne, wie es auch der Herr Christus gegenüber manchen tat, damit nicht einige, die Ihm nachfolgen, einen unharmonischen Mißklang ertönen lassen, so fasse ich das so, daß die Saiten nicht wirklich zu hoch gespannt sind, sondern sie sind es nur für die, die das göttliche Joch des Gesetzes Christi nicht auf sich nehmen wollen, denen erscheinen die Saiten zu hoch gespannt: denn für die Kraftlosen und für Schwächlinge erscheint das, das nur die rechte Mitte einhält, schon eine überstarke Anspannung, und für die Ungerechten das Gebührende als eine Überspannung der Gerechtigkeit. Denn alle, die wegen ihrer eigenen Neigung zum Sündigen gern bereit sind, Nachsicht zu üben, halten Wahrheit für Schroffheit und Strenge für Grausamkeit, und sie halten den für unbarmherzig, der sich nicht verführen läßt und nicht auch Sünde tut.

Klemens von Alexandria

Dem Herrn ist nichts verborgen, vielmehr ist auch unser Verborgenes, unser Inneres Ihm nahe, Ihm offenbar. Deshalb wollen wir alles genau so tun, wie wenn der Herr in uns wohnte, damit wir Seine Tempel seien und Er unser Gott in uns.

Ignatius von Antiochia

Die Kardinäle der Heiligen Römischen Kirche, deren Wir einer gewesen, haben Uns, nachdem sie würdig und fromm die Hilfe des Heiligen Geistes erfleht und mehrere Tage untereinander, der Größe und der Bedeutung der Angelegenheit angemessen, sorgfältig über die Nachfolge des dahingeschiedenen Papstes Pius IV. seligen Angedenkens beraten hatten, endgültig am gestrigen Tag alle mit vollkommener Übereinstimmung zu dem Apostolischen Amt erwählt. Wir haben dieses Amt – das höchste und schwerste aller Ämter – nicht ohne Furcht und Zittern auf Uns genommen. Aber soviel Uns auch Unsere Schwachheit und Unser Gewissen von der Übernahme des Amtes abhielten, soviel hat die Hoffnung auf die Hilfe Gottes sowie die Berufung Gottes, dessen Geist weht, wo Er will, Uns dazu ermutigt und ermahnt. Wir vertrauen felsenfest darauf, daß Er, der Uns den guten und gerechten Willen gegeben hat, in Seiner unaussprechlichen Güte auch die Kräfte mehren wird, Ihm in diesem Amt treu zu dienen, zu dem Er uns bereits vor der Wahl ohn' all Unser Verdienst berufen hat.

Pius V.

Eine der Schwestern bat einst Gott um eine bestimmte Sache, und sie betete lange Zeit, immer wieder viel und innig darum, und sie tat es gar heimlich, so daß niemand etwas davon wissen konnte denn Gott allein und sie. Doch einmal kam sie [die hl. Agnes] zu ihr und sah sie beten; da sprach sie zu der Schwester: »Vielliebe Schwester, laß ab, Gott um die Sache zu bitten, um die du Ihn gebeten hast, denn die Sache gefällt Gott nicht noch ist sie nach Gottes Willen.«

Agnes von Böhmen (von Prag)

Selig der Mensch, der seinen Nächsten in seiner Unzulänglichkeit und Schwäche genauso erträgt, wie er von ihm ertragen werden möchte, wenn er in ganz ähnlicher Lage wäre.

Franziskus von Assisi

Sext

Gott legt uns eine Last auf, aber Er hilft uns auch.

Psalm 68,20

Wenn der liebe Gott stets neu fordernd die Hand ausstreckt, so reicht Er sie nicht leer hin; seine liebsten Freunde können daraus die Kraft und den Mut schöpfen, derer sie so sehr bedürfen.

Theresia von Lisieux

Wer den kreuztragenden Heiland tief im Herzen hat, der ist nicht unzufrieden. Ein solcher Mensch wird nicht verzagen, denn er hat die Kraft in sich aufgenommen, die ihm das Beispiel des kreuztragenden Heilandes gegeben hat. Was wäre der kreuztragende Mensch ohne Christus! Und welches Licht fällt auf das Kreuztragen durch Christus: »Trägst du dein Kreuz gern, wird es dich tragen!«

Rupert Mayer

Der Apostel sagt: »Ihr habt den stärksten, unüberwindlichen Trost durch Christus, das Wort Gottes.« Derjenige also ist tapfer, der in jeglichem Leiden mutig und zuversichtlich ausharrt. Und mit gutem Recht wird auch das Tapferkeit genannt, wenn ein Mensch sich selbst überwindet, seinen Zorn im Zaum hält, durch keine Verlockung wankelmütig und umgestimmt noch durch Unglück verwirrt und verstört wird, der im Glück sich nicht überhebt und nicht durch den Wechsel der Lebensumstände wie ein Rohr im Wind schwankt. Was ist folglich erhabener und edler, als den Geist zu üben und zu bilden, das Fleisch in Zucht zu halten und zum Dienen zu zwingen, daß es den Befehl des Geistes ausführt und seinen Ratschlägen gehorcht, und so, wenn Widerwärtigkeiten und Mühsale ertragen werden müssen, unverdrossen der Seele folgt und ihren Willen tut: Das ist die vornehmste Form und Wirkung von Tapferkeit.

Ambrosius von Mailand

Vor allem meide Traurigkeit und Selbstquälerei und bewahre vor allem Ruhe, sehr viel Ruhe und vollkommene Hingabe an den Willen Gottes.

Maximilian Kolbe

Vertraue, daß dich Gott in Zeiten des Leidens trösten wird. Er wird dir zumindest die Kraft schenken, geduldig zu sein. Es mißfällt Gott nicht, wenn du bei Freunden Trost suchst. Gott aber will der tiefste Grund des Trostes für dich sein.

Habe keine Angst, Gott zu mißfallen, wenn du bisweilen deinen Klagen vor Gott freien Lauf lässest. Aber sprich schließlich: »Gott, Du weißt, daß ich Dich liebe und nichts mehr suche als Deine Liebe. Hab Erbarmen mit mir, hilf mir und verlaß mich nicht!«

Will die Angst nicht weichen und dich in ihren Bann schlagen, dann vereine dich im Gebet mit Jesus Christus, der in der Verlassenheit am Kreuz starb, und schreie mit Ihm um Erbarmen: »Mein Gott, mein Gott, warum hast Du mich verlassen?«

Alfons von Liguori

Geh und bete; und Gott wird vorsorgen.

Dominikus

Du göttliche Milde, Du mildherziger Gott,
verlasse mich nicht, ich bin so voller Angst;
wende Dein Antlitz nicht weg von meinem Weinen und Schreien.
Deine Liebe möge Dich zwingen,
daß Du geduldig mich anhörst.

Du verachtest keinen, der verzweifelt ist,
und verschmähst niemanden, der verwirrt ist.

Du richtest den Gebeugten auf,
Du lösest den Gefesselten los,
Du verachtest keinen, der verzweifelt ist.
Du blickst mütterlich und barmherzig auf die Nöte aller,
Du sorgst getreulich für die Verzagten.
Du hilfst mildherzig und nachsichtig der Schwachheit aller auf.
Ach, wende Dein Ohr mir armseligem Menschen zu!
Damit ich, wie meine Seele begehrt, tröstende Zwiesprache mit Dir halten kann
und Deinen mir so teueren Rat empfange!

Gertrud die Große

Herr, stürmisch sind die Wellen
und dunkel ist die Nacht.
Willst Du sie nicht erhellen
für mich, die einsam wacht?
Halt fest die Hand am Steuer
und sei getrost und still.
Dein Schifflein ist mir teuer,
zum Ziel ich's lenken will.
Hab nur mit festen Sinnen
stets auf den Kompaß acht:
der hilft, das Ziel gewinnen
durch Stürme und durch Nacht.
Die Nadel zittert leise,
dann steht sie wieder still,
daß Richtung sie dir weise,
wohin die Fahrt ich will.
So sei getrost und stille,
es führt durch Sturm und Nacht
getreu dich Gottes Wille,
wenn das Gewissen wacht.

Edith Steir

Man muß sich im Gottvertrauen festigen; und wenn sich die ganze Welt erhöbe, uns zu vernichten, so würde doch nur geschehen, was Gott wohlgefällt.

Vinzenz von Paul

Du mein Herr und Heiland, in Deinen Armen bin ich sicher. Wenn du mich hältst, habe ich nichts zu fürchten, wenn Du mich aufgibst, habe ich nichts zu hoffen. Ich weiß nicht, was vor meinem Tod über mich kommen wird, ich kenne die Zukunft nicht, aber ich vertraue auf Dich. Ich bitte Dich, mir zu geben, was gut für mich ist, und mir das zu nehmen, was mein Heil gefährdet. Ich bitte weder um Reichtum noch um Armut, sondern stelle alles Dir anheim, denn Du weißt alles und ich nichts. Wenn Du mir Schmerzen und Kummer schickst, schenke mir die Gnade, sie recht zu tragen, bewahre mich vor Mißmut und Selbstsucht! Wenn Du mir Gesundheit, Kraft und Erfolg gibst in dieser Welt, so halte mich immer auf der Hut, daß diese großen Güter mich nicht von Dir trennen! Du mein Herr, der Du am Kreuz für mich Sünder starbst, gib, daß ich Dich erkenne, an Dich glaube, Dich liebe und Dir diene.

John Henry Newman

In der Krankheit übst Du die Tugend der Geduld, im Kampf und in der Anfechtung des Teufels übst Du die Tapferkeit und Beständigkeit und Ausdauer; in Widerwärtigkeiten von seiten der Menschen übst Du die Demut, die Geduld und die Liebe. Und so läßt Gott durch zahlreiche Widerwärtigkeiten zu, daß auch alle anderen Tugendkräfte auf die Probe gestellt, aber niemals uns genommen würden, wenn wir nicht wollen. Dahinein müssen wir unser Fundament legen und nicht in die Bußwerke des Leibes.
Lege ich meine Grundlage in die körperlichen Bußwerke, baue ich die Stadt meiner Seele auf Sand; der schwächste Wind wirft sie um, und kein einziges Gebäude wird standhalten. Wenn ich aber auf die Tugenden baue, dann ist mein Fundament auf dem lebendigen Christus, dem liebsten Jesus gegründet, und kein noch so großes Gebäude stünde da nicht fest; kein noch so heftiger Sturm vermöchte es zum Einsturz zu bringen.

Katharina von Siena

Die Sonne ist nicht verschwunden, weil die Blinden sie nicht sehen.

Birgitta von Schweden

Das ist Glaube, wenn man mit Gott spricht, wie man mit einem Menschen sprechen würde.

Jean-Baptist-Marie Vianney (Pfarrer von Ars)

Gebe Gott uns beiden die Gnade, an uns selbst zu zweifeln, damit wir ganz von ihm abhängig werden und ganz auf die Hoffnung und auf die Kraft Gottes vertrauen.

Thomas Morus

Die Schlüssel zu den Türen der Liebe zu Gott sind vergoldet mit Betrachtungen, Seufzern und Tränen. Das Band, das die Schlüssel hält, besteht aus Gewissen und Reue, Frömmigkeit und Buße; die Pförtner sind Gerechtigkeit und Barmherzigkeit.

Raimundus Lullus

Ich bin nicht allein. Gott gab mir einen Schutzengel, der mich immer begleitet.

Dominikus Savio

Sie sollen diesen schmerzlichen Teil des Opfers, dem Sie sich geweiht haben, in Frieden tragen und sich nunmehr den verschiedenen Übungen des individuellen und privaten Wirkens hingeben und vertrauensvoll beten, selbst wenn es Ihnen scheint, Gott erhöre Sie nicht. Sie sollen sich daran erinnern, daß Gott die untergeordneten Ursachen wirken läßt. Er macht sich, nach Seinem Wohlgefallen, selbst die menschlichen Leidenschaften für Sein Vorhaben zunutze, um, wenn Seine Zeit gekommen ist, die höchsten Geheimnisse Seiner Barmherzigkeit an den Einzelmenschen wie an ganzen Ländern auszuüben.

Pius X.

Der Mensch muß wissen, daß alle traurigen und schweren Geschicke denen, die sie mit Dank annehmen, zum Heil dienen und nutzbringend sind. Der Mensch muß wissen, daß Gott will, daß alle gerettet werden und in Sein Reich gelangen. Denn nicht zur Bestrafung hat Er uns geschaffen, sondern darum, daß wir teilhaben an Seiner Güte, denn Gott ist gut.

Johannes von Damaskus

Wer einem Kreuz entläuft, der wird auf seinem Weg ein größeres wiederfinden.

Philipp Neri

Je mehr sich unsere Seele allein und abgeschieden befindet, um so mehr macht sie sich geeignet, ihrem Schöpfer und Herrn zu nahen und bei Ihm anzukommen; und je mehr sie sich auf diese Weise bindet, um so mehr macht sie sich bereit, Gnaden und Güter von Seiner göttlichen und höchsten Güte zu empfangen.

Ignatius von Loyola

Mein Herr Jesus, ich beanspruche keine Wahl mehr; berühre Du an meiner Seele jene Saite, welche Du nur immer willst, immer und immer wird sie nur dieselbe Harmonie ertönen lassen. Ja, mein Herr Jesus, an meinem Vater, an meinen Kindern, an allem, was mich angeht, an mir selbst, an allem ohne Ausnahme soll Dein heiliger Wille geschehen, ohne daß ich klagen will.

Johanna Franziska von Chantal

Vor Monatsfrist war ich nahe daran, von Gott unserem Herrn, die größte Gnade zu erlangen, die ich hätte erlangen können, nämlich in Seiner Gnade (wie ich hoffte) zu sterben, und schon hatte ich die Wegzehrung und die letzte Ölung empfangen. Doch, es hat dem Herrn gefallen, sie noch hinauszuschieben, wohl aber bereitet Er mich durch ein schleichendes Fieber, das mir verblieben, inzwischen darauf vor. Die Ärzte, die nicht wissen, welchen Ausgang es haben wird, sind darauf bedacht, Heilmittel für die Gesundheit des Körpers zu bereiten. Mich aber freut der Gedanke, daß Gott, unser Herr, mir eine viel vollkommenere Gesundheit verleihen will, als die Ärzte sie geben können, und so entsage ich voll Freude in der Hoffnung, in wenigen Monaten von Gott abgerufen zu werden aus dem Land der Toten in das Land der Lebendigen, aus der Gemeinschaft der Menschen hienieden zu der der Engel und Heiligen des Himmels und endlich aus dem Anblick der irdischen und hinfälligen Dinge zum Anblick und zum Schauen Gottes, der alles Gute in sich trägt. Eben dies mag Anlaß zur Freude sein, da Sie mich lieben und nur Gutes für mich wollen, und so bitte ich Sie zu beten und durch die Brüder beten zu lassen, auf daß in dieser kurzen, mir noch verbleibenden Zeit der Fahrt auf dem Meere dieser Welt Gott unser Herr durch Fürbitte Seines eingeborenen Sohnes, Seiner heiligsten Mutter und der Heiligen Nazarius und Celsus sich würdige, in das Rote Meer Seines Heiligsten Leidens meine Unvollkommenheit zu versenken, damit ich von Feinden befreit zum Lande der Verheißung gelange, um Gott zu schauen und Seiner froh zu sein. Gott selbst aber tröste Euer Erlaucht. Amen.

Aloysius von Gonzaga

Es gibt etliche Menschen, die Gott innerlich oft ermahnt, daß sie die rechte Umkehr zu Gott nehmen, da Er gern mit ihnen vertraut wäre, sie jedoch nachlässig sich widersetzen. Diese zieht Gott zuweilen mit Leiden: wo sie sich auch hinwenden, Gott zu entrinnen, da ist Gott da mit zeitlichem Unglück dieser Welt, und Er hält sie bei den Haaren fest, daß sie ihm nicht entrinnen können. Man findet auch Menschen, die nur so viel Leiden haben, wie sie sich selbst machen. Wie einst: Ein mit Leiden beladener Mensch ging an einem Haus vorüber und hörte, daß eine Frau gar übel klagte. Er dachte: »Geh hinein und tröste diesen Menschen in seinem Leiden.« Er ging hinein und sprach: »Liebe Frau, was ist Euch, daß Ihr so klagt?« Sie sprach: »Eine Nadel ist mir entfallen, und die kann ich nirgends finden.« Er wandte sich um, ging hinaus und dachte: »Du unsinniger Mensch, hättest du eine meiner Bürden auf dir, du weintest keiner Nadel nach.«

So machen etliche verzärtelte Menschen sich selbst in mancherlei Sachen ein Leiden, das kein Leiden ist. – Das edelste Leiden, das ist ein christusförmiges Leiden; ich meine das Leiden, das der himmlische Vater Seinem eingeborenen Sohn gab und noch immer Seinen Freunden gibt. Das ist nicht so zu verstehen, daß ein Mensch überhaupt ohne alle Schuld sei wie der liebe Christus, der nie eine Sünde tat. Sondern: wie Christus sich geduldig erzeigte und sich in Seinem Leiden wie ein Lamm unter Wölfen verhielt, so gibt der Vater etlichen Seiner liebsten Freunde zuweilen großes Leiden, damit wir Menschen, die wir nicht zu leiden verstehen, an Christus lernen, geduldig zu sein und allezeit mit Seinem, Christi Herzen Böses mit Gutem zu überwinden. – Dies alles sollst du ansehen und sollst nicht ungern leiden; denn woher das Leiden auch kommt, es kann dem Menschen nütze werden, wenn er es allesamt als von Gott kommend aufnimmt und es wieder zu Gott trägt, und so es mit Gott überwinden kann.

Heinrich Seuse

Was immer euch jemand Übles tut, seid geduldig und rächt euch nicht, weder äußerlich noch innerlich, nicht mit Worten, nicht mit Werken, nicht im Wollen; so lebt in euch der Geist unseres Herrn Jesu Christi und aller Seiner Heiligen, die ihre Feinde liebten bis zum Tod.

Jan van Ruysbroeck

Häufig erst zeigt das Fleisch, der Körper, durch Beschwernisse wie mit einer Geißel der Seele Gott, den sie, obgleich sie dem Körper befiehlt, nicht sah; und der Körper behindert und hemmt die Seele, die ängstlich darauf bedacht war, wie ein eiliger Wanderer in dieser Welt vorwärts zu kommen, so lange, bis er ihr den Unsichtbaren, der sich ihr in den Weg gestellt hat, kundgetan und offenbart hat. So wie der hl. Petrus von Bileam sagt: »Die Zurechtweisung für seine Torheit empfing er, als ein stummes Lasttier mit menschlicher Stimme redete und das törichte Vorhaben des Propheten verhinderte.« Denn die Torheit des Menschen wird von einem stummen Lasttier scharf getadelt, wann immer die erhabene Seele von dem durch Leiden befallenen Körper daran erinnert wird, daß es sich für sie geziemt, die Tugend der Demut zu üben und zu bewahren.

Gregor der Große

Die geringsten Schwierigkeiten schlagen uns nieder, die kleinsten Schmerzen entmutigen uns, die schwächste Versuchung überwältigt uns, Mücken werden zu Elefanten; wir sind traurig, wo wir uns freuen sollten, wir zittern, wo gar kein Grund zur Angst gegeben ist! Wir wollen uns sehr wohl der Vorteile der heiligen Religion erfreuen, aber wir wollen nicht die Kreuze! Wollt ihr, daß man ein neues Evangelium für euch schafft? Oder wünscht ihr, daß Gott einen andern Messias für euch sendet, einen Messias aus Zucker und Rosen?

Johannes Eudes

Fassen Sie großen Mut und fürchten Sie nichts! Blicken Sie immerfort auf Jesus Christus, dessen Leben ein beständiges Martyrium gewesen ist; vereinigen Sie Ihre Leiden mit den Leiden Christi!

Alfons von Liguori

Kommt der Geist eines Menschen vor zeitlichen Sorgen nicht zur Ruhe, so kann er Gott nicht näherkommen.

Antonius von Padua

Non

Ich war in Not, der Herr brachte mir Hilfe;
Er hat mein Leben vom Tod errettet.

Psalm 116,6b; 8a

Groß und unergründlich ist das Geheimnis des Kreuzes, und ein unsägliches Wunder und unauflösbar ist die Fessel der Liebe: durch das Kreuz zieht Gott alles zu sich, denn das Kreuz ist das Holz des Lebens; durch das Kreuz ist die Macht und Herrschaft des Todes gebrochen und zerstört. Herr, mir hast Du dieses Geheimnis offenbart, öffne auch die Augen aller, damit sie den Trost des ewigen Lebens erkennen und schauen.

Petrus, der Apostel

Beten und Ruhe, Arbeit und Erholung, Freud und Leid, Gesundheit und Krankheit, Leben und Sterben – alles empfängt seinen letzten Sinn und seine höchste Weihe von dem, der sich in all dem ausspricht, der darin uns Seinen Willen kundtut, ›dem zu dienen Herrschen bedeutet‹.

Adalbert von Neipperg

Es geziemt sich für uns, Demütigung und Züchtigung gern auszuhalten und zu ertragen. Es geschieht uns wie dem Gras, das am Flußufer wächst: wenn der Fluß anschwillt, wird das Gras zu Boden geneigt und niedergedrückt – ohne durch das darüber hinströmende Wasser beschädigt zu werden. Wenn das Wasser sinkt, richtet sich das Gras wieder auf und wächst voller Kraft, neu belebt und erfreulich zu sehen. So geziemt es auch uns, von Zeit zu Zeit niedergedrückt und gedemütigt zu werden, damit Gott uns hernach voller Freude wieder aufrichtet.

Elisabeth von Thüringen

Der Christ hat einen wahren Trost im Leiden und eine starke Hilfe in der Geduld: das ist der leidende Heiland. Auf Ihn schaue mit den Augen deiner Seele, wenn etwas Schweres über dich kommt! Er wurde gekreuzigt, entblößt, geschmäht, verleumdet, verlassen und von aller Bitterkeit, Beschwernis und Trübsal so überladen, daß daneben deine Leiden gar nicht in Betracht kommen können. Und niemals wirst du so viel für Ihn leiden, wie Er für dich gelitten hat. Schau auch auf das, was heilige Märtyrer gelitten haben und was bis heute so viele Menschen aushalten müssen, von denen niemand weiß: es ist gewiß viel schwerer als das, was du trägst. »Mein Gott«, wirst du bekennen müssen, »wenn ich an das denke, sind meine Mühen gering und meine Leiden erträglich.« Wie viele gibt es, die ein unendlich schwereres Los als du zu tragen haben und deren Leben ohne Hilfe, ohne Erleichterung oder Trost ein fortwährendes Sterben ist.

Franz von Sales

Der Herr hat gesagt, daß die Bedrängnisse dieser Welt Zeichen der ewigen Tröstungen sind. Deshalb brauchen wir uns in diesen zeitlichen Anfechtungen und Nöten nicht zu bekümmern: sie haben ein Ende.

Angela von Foligno

Nun muß ich Ihnen doch den Abschiedsbrief schreiben. Ich sehe keine andere Möglichkeit mehr. Der Herr will das Opfer. Die ganzen harten Wochen hatten den Sinn der Erziehung zur inneren Freiheit. Er hat mich bisher vor allen Zusammenbrüchen und Erschütterungen bewahrt. Er wird mir auch über die letzten Stunden hinweghelfen. Wie ein träumendes Kind trägt er mich oft.

Alfred Delp

Wenn ein Geist, der Macht und Gewalt hat, sich gegen dich erhebt und dich bedrängt und mit dem Treibstecken der Verbitterung und des Unmutes dich treibt, wenn er die Stacheln der Leidenschaft glühend macht und die ganze Welt gegen dich in Aufruhr versetzt, wenn er Verfolgungen gegen dich entfacht und du voller Angst bist und zitterst und fürchtest, in jedem Augenblick überwunden und völlig besiegt zu werden, und du dann in deiner Angst zu Jesus läufst, weinst und deine Gefährdungen berichtest und Beistand erflehst, dann wird Er, den du liebst, dir helfen: Er wird dir helfen wie ein allmächtiger, unbesiegbarer König und, wie auf Davids Gebet hin, »Waffen und Schild ergreifen und sich aufmachen, dir zu helfen«. Und du hörst Ihn zu dir sagen: »Fürchte dich nicht vor ihnen, denn ich bin bei dir!«

Aelred von Rievaulx

Wollen Sie wahren Trost haben, so vereinigen Sie sich in allen Dingen mit dem Willen Gottes, und Sie werden allezeit ruhig und zufrieden sein.
Sie müssen sich dort zu heiligen suchen, wo Gott will, und nicht dort, wohin Sie gehen wollen. Der Wunsch, den Platz zu wechseln, kommt von der Eigenliebe und dem Verlangen, dem Kreuz zu entfliehen.

Alfons von Liguori

Ihr sollt das Leiden Christi in euren Herzen tragen, denn es ist des Menschen größter Trost an seinem letzten Ende.

Nikolaus von Flüe

Es sind drei Hauptgründe, warum wir uns trostlos finden: der erste, weil wir lau, träge oder nachlässig in unseren geistlichen Bemühungen sind; und so zieht sich, wegen unserer Fehler, der geistliche Trost von uns zurück. Der zweite, damit Gott uns erprobe, wie weit wir sind und wie weit wir in seinem Dienst und Lobpreis voranschreiten ohne große Belohnung an Tröstungen und besonderen Gnaden. Der dritte, um uns wahre Kenntnis und Einsicht zu geben, mit dem Ziel, daß wir innerlich spüren, es sei nicht unsere Sache, große Hingabe, tiefe Liebe, Tränen oder irgendeine andere geistliche Tröstung zu erlangen oder zu bewahren, sondern daß es ganz und gar Gabe und Gnade Gottes, unseres Herrn ist.

Ignatius von Loyola

Weder barbarische Völker noch Stürme zur See, noch Dämonen der Hölle können uns schaden über das Maß dessen hinaus, was ihnen Gott gestattet und an Freiheit des Handelns eingeräumt hat.

Franz Xaver

Gott wird Dich nie verlassen, auch wenn Er Dich mit der Zuchtrute schlägt, wie Er oft den züchtigt, den Er retten will.

Hildegard von Bingen

Gepriesen seist Du, mein Herr,
Durch jene, die um Deiner Liebe willen gern verzeihen
Und Krankheit erdulden und Prüfung.
Selig, die in Frieden ausharren.
Denn von Dir, o Höchster, werden sie gekrönt.
Lobet und preiset den Herrn und seid ihm dankbar und dient ihm mit großer Demut.

Franziskus von Assisi

Gott, der mir bisher Gesundheit und Seine Gnade geschenkt hat, wird mir auch in Zukunft helfen.

Dominikus Savio

Der Mensch wird Rechenschaft ablegen müssen über jeden Augenblick und jeden Groschen, für Speise und Trank und für alle Gedanken und Worte, sofern sie nicht durch Reue und Beichte ausgelöscht sind.

Birgitta von Schweden

Bisher war ich der Meinung, ich hätte andere Menschen nötig, und stützte mich zu sehr auf die Hilfe von seiten der Welt. Jetzt aber erkenne ich klar, daß alle Menschen wie dürre Rosmarinstengel sind und man keine Sicherheit hat, wenn man sich auf sie verläßt, da sie unter der geringsten Last des Widerspruches oder der üblen Nachrede zusammenbrechen. So habe ich aus Erfahrung gelernt, daß das beste Bewahrungsmittel vor dem Fall darin besteht, das Kreuz zu umfassen und auf den zu vertrauen, der am Kreuz gehangen hat. In Ihm finde ich einen wahren Freund, und mich selbst sehe ich mit einer solchen Macht ausgerüstet, daß ich – wie mir scheint – allen Angriffen von seiten der Welt mich widersetzen könnte, wenn Gott mich nicht verläßt.

Theresia von Avila

Das zu vollbringen, was Gott mich tun hieß, was Er mir befahl oder befehlen wird, davon werde ich um keines noch unter den Lebenden weilenden Menschen willen ablassen.

Johanna von Orléans

Jeder Mensch, der etwas zu sehr liebt und so z
seinem ›Gott‹ macht, dient ›fremden Göttern‹. D
liebst Speise und Trank über alles wie einen Gott
Dann ist dein Bauch dein Gott. Du erachtest Gol
und Silber für hohe Güter und weltlichen Reich
tum für großen Gewinn? Dann ist der Mammo
dein Gott.

Origene

Die Vorsehung Gottes ist unerkennbar und unegreiflich, und all unsere Gedanken und Handungen sowie die Zukunft sind Ihm allein bekannt. Dieses alles nämlich steht nicht in unserer Macht. Denn was in unserer Macht liegt, ist nicht Sache er Vorsehung, sondern unseres freien Willens.

Johannes von Damaskus

Öffnet euch innerlich, öffnet eure Seele und a ihre Kräfte für die unergründliche Güte Gottes das ist, für den Heiligen Geist, die Liebe des Vater und des Sohnes. Diese lebendige Quelle uner gründlicher Reichtümer wird in euch fließen un überfließen mit sich selbst und mit allen ihre Gaben. Da ist die Seligkeit groß; da ist Leben ohn Todeslos. Er wird bei euch bleiben und wohnen und ihr mit Ihm, ewiglich, ganz ohne Ende.

Jan van Ruysbroeck

Es ist ein wunderbarer und ein hoher Weg, darauf die treue Seele wandelt und nach sich die Sinne leitet und lenkt wie der Sehende einen Blinden. Auf diesem Weg ist die Seele frei und lebt ohne Herzeleid, wenn sie nichts anderes will als ihr Herr, der alle Dinge auf das beste tut.

Mechthild von Magdeburg

Er ist gerecht und gut, der wahrhafte Gott, der selbst alles ist, wie alles Er selbst ist, weil Er selbst Gott, der alleinige Gott ist. Denn wie der Spiegel dem Häßlichen nicht übelgesinnt ist, weil er ihn zeigt, wie er ist, und der Arzt dem Kranken nicht übelgesinnt ist, wenn er ihm sagt, daß er Fieber hat – er stellt das Fieber nur fest –, so ist auch der zurechtweisende Gott dem nicht übelgesinnt, der an seiner Seele krank ist; denn Er bringt die Verfehlungen nicht in die Seele hinein, sondern weist auf die vorhandenen Sünden hin. Somit ist Gott von sich selbst aus gut, außerdem aber gerecht unsertwegen, und dies, eben weil Er gut ist.

Und seine Gerechtigkeit ist zu den Menschen herabgekommen in der Heiligen Schrift als auch in menschlicher Gestalt im Logos-Christus und im Gesetz und nötigt die Menschen zu heilbringender Sinnesänderung.

Aber gehorchst du Gott nicht, dann gib dir selbst die Schuld, wenn du den Richter auf dich ziehst!

Klemens von Alexandria

Der Herr hat alle sterblichen Menschen zum Licht, zum Heil erschaffen:
sie sollen – haben sie es verdient – die Freuden des höchsten Himmels empfangen.
So ist selig der Mensch, der seine Seele beständig zum Himmel erhebt
und wachsam stets vor jeder Versuchung sich hütet.
Aber nicht unselig ist auch der, der seine Vergehen von Herzen bereut
und immerfort trauert über sein unrechtes Tun.
Doch die Menschen leben so, als ob kein Tod ihnen drohe
und als wäre die Hölle ein Märchen für Toren.
Möge das Wissen um den Tod die Lebenden alle belehren
und die Heiligen Schriften sie vor der Hölle Strafe bewahren.
Wer die Strafen nicht fürchtet, lebt unselig und ist wie von Sinnen,
denn dereinst gestorben, wird die unauslöschlichen Flammen er fühlen.
So sollen die sterblichen Menschen sich mühen, ein rechtes Leben zu leben,
den Sumpf der Hölle brauchen sie dann nicht zu fürchten.

Bruno der Kartäuser

Es ist ja nicht nötig, das Meer zu durchfahren, eine lange Reise zu machen, Bergeshöhen zu übersteigen, Geld auszugeben, den Leib abzumühen; es genügt, einfach zu wollen, und alle Sünden sind verschwunden. Wenn du aber nicht nur selbst nicht verzeihst, sondern sogar noch Gott um Unheil für deinen Feind bittest, welche Hoffnung für dein eigenes Heil bleibt dir da noch; wenn du gerade dann Gott beleidigst, da du zu Ihm betest und Ihn versöhnen willst, wenn du in der Haltung eines Bittstellers kommst, und schreist wie ein wildes Tier und so die Pfeile des Bösen nur gegen dich selbst abschießest? Darum hat auch der hl. Paulus bei Erwähnung des Gebetes nichts so eindringlich verlangt als gerade die Beobachtung dieses Gebotes. »Erhebet«, sagt er, »heilige Hände, frei von Zorn und Hader!«

Johannes Chrysostomos

Gottes Werke werden nicht, wenn wir es wollen, sondern wenn es Ihm gefällt. Wir müssen mit geduldiger Zurückhaltung Seinen Willen abwarten. Gottes Werke haben ihren Augenblick. In diesem Augenblick wirkt die Vorsehung, nicht früher und nicht später.

Vinzenz von Paul

Wenn Gott selbst mich zu sich zieht, dann vertraue ich auf Sein großes Erbarmen, daß Er es nicht unterlassen wird, mir Gnade und Kraft zu geben.

Thomas Morus

Das Antlitz der Seele ist das Gewissen. Wie man am Angesicht den Menschen erkennt, so erkennt Gott die, die Ihn lieben, am Antlitz der Seele.

Vinzenz Ferrer

Gottes Schutz scheint uns leicht entbehrlich, solange wir ihn besitzen. Zu unserem eigenen Nutzen und Wohl entzieht ihn Gott zuweilen, damit wir erkennen, daß ohne Gottes Schutz der Mensch ein reines Nichts ist.

Antonius von Padua

Vesper

Ich danke Dir, daß Du mich erhört hast
und mir zum Retter geworden bist.

Psalm 118,21

Eine Folge des Gedenkens an Gott, der jeden Augenblick um mich besorgt ist, ist es, daß wir frei werden von jeder Angst und Furcht. Ja, wir werden mutig, wenn wir uns in Gottes Hand geborgen wissen, was immer uns auch treffen mag. Es gibt keine Macht auf Erden, die uns ohne die Zulassung Gottes etwas anhaben könnte ... Gott läßt uns nie zappeln. Er läßt nur Prüfungen zu, die uns zum Nutzen gereichen, wenn wir an Seiner Hand hindurchgehen. Er sorgt für uns weit besser, als Menschen es vermögen.

Rupert Mayer

Gott ist an jedem Ort und denkt mit großer Liebe über alle und alles.

Maximilian Kolbe

Keinem anderen etwas antun, was man nicht
selbst erleiden möchte.
Denen, die in Not sind, zu Hilfe kommen.
Die Trauernden trösten.
Der Liebe zu Christus nichts vorziehen.
Niemand Unrecht tun, aber auch erlittenes
Unrecht geduldig tragen.
Davon überzeugt sein, daß Gott an jedem Ort auf
uns schaut.
Niemanden hassen, nicht eifersüchtig sein und
nicht aus Neid handeln.
Aus Liebe zu Christus für die Feinde beten.
Bei einem Zwist noch vor Sonnenuntergang wieder
Frieden schließen und
an Gottes Barmherzigkeit niemals zweifeln.

Benedikt von Nursia

Leben Sie, wenn auch im Dunkel, in Glauben und Hoffnung, denn in dieser Finsternis steht Gott der Seele bei. Werfen Sie all Ihre Sorgen auf Ihn, Er wird sie Ihnen abnehmen und Sie nicht vergessen. Denken Sie nicht, Er ließe Sie allein, Sie täten Ihm damit Unrecht. – Sie sollten lesen, beten und fröhlich sein in Gott, Ihrem Heil und höchsten Gut.

Johannes vom Kreuz

Wir müssen unsere Unvollkommenheiten annehmen und lieben und nicht daran arbeiten, Heilige zu werden, sondern nur uns mühen, Gott Freude zu machen.

Theresia von Lisieux

Er, der sich das Kreuz erwählt hat, gibt es allen, die Ihn lieben; Er, seine Kirche, die treuen Seelen müssen Sein Los teilen, die Bräute [die Seelen] müssen dem Los des Bräutigams [Christi] folgen, die Glieder das Leben des Hauptes teilen.
Er erwählt für einen jeden gerade das Leiden, das nach Seiner Einsicht am besten zu dessen Heiligung dient; und häufig ist das Kreuz, das Er auferlegt, gerade das, das man – wenn man auch alle anderen willig hinnehmen würde – abgelehnt hätte, wenn man es wagte. Das Kreuz, das Er auferlegt, eben das versteht man am allerwenigsten. Gerade es drückt uns mehr als jedes andere Kreuz. Er, Er versteht, Er, Er weiß, was uns nottut. Als Hirte führt Er uns auf die bitteren Weiden, weil Er weiß, daß sie gut für uns sind. Wir armen Schafe sind so blind.

Charles de Foucauld

Gott weiß, was mein größtes Glück ist, ich aber weiß es nicht. Es gibt keine Regel dafür, was glücklich und gut ist; was dem einen angemessen ist, entspricht einem anderen nicht. Die Wege, die zur Vollkommenheit führen, sind sehr verschieden; die Heilmittel, deren jede Seele bedarf, gleichen einander keineswegs. Gott führt uns oft seltsame Wege; wir wissen, Er will unser Glück, was jedoch unser Glück ist und welches der Weg ist, der dahin führt, wissen wir nicht. Wir sind blind; uns selbst überlassen, gehen wir irre; wir müssen alles Gott anheimstellen. Wir wollen uns in Seine Hand geben und nicht erschrecken, wenn Er uns fremde Wege führt. Wir wollen Ihm vertrauen; Er ist ein guter Führer, an Seiner Hand werden wir freilich nicht zu dem gelangen, was wir für das Beste halten, sondern was für uns das Beste ist.

John Henry Newman

Denke daran, bevor du ins Gelobte Land einziehst, mußt du das Rote Meer und die Wüste durchqueren.

Don Bosco

So oft du in Bedrängnis geführt wirst, so oft wird dir geistliche Nahrung gereicht.

Origenes

Wer nach Höherem und Erhabenem trachtet und strebt, muß von sich selbst niedrig denken, damit er nicht, während er sich über sich selbst erhebt, durch sich selbst fällt: dann nämlich, wenn er nicht durch wahre Demut in sich selbst fest begründet ist. Und weil das Höchste und Erhabenste nur durch das Verdienst der wahren Demut erreicht und erlangt werden kann, deshalb muß der emporstrebende Mensch durch Tadel und Disziplinierung gedemütigt werden: durch Demut wird er würdig. Wenn du dich also gedemütigt siehst, dann sollst du das als ein Vorzeichen für das Gute halten, überhaupt für einen Erweis nahender Gnade. Denn ebenso wie vor dem Unglück das Herz stolz und erhöht wird, so wird es vor der Erhöhung gedemütigt. Fürwahr, es ist ein doppeltes Gesetz: Der Herr widersteht den Hochmütigen, den Demütigen aber gibt Er Gnade.

Bernhard von Clairvaux

Nimm hin, Herr, und empfange meine ganze Freiheit, mein Gedächtnis, meinen Verstand und meinen ganzen Willen, meine ganze Habe und meinen Besitz: Du hast es mir gegeben, Dir, Herr, gebe ich alles zurück. Alles ist Dein, verfüge ganz nach Deinem Willen; gib mir Deine Liebe und Gnade, das ist mir genug.

Ignatius von Loyola

Gepriesen seist Du, mein Herr, durch unseren Bruder, den leiblichen Tod. Kein Mensch kann ihm lebend entlaufen. Wehe denen, die in schwerer Sünde sterben! Glückselig, die erfunden werden in Deinem heiligen Willen; der zweite Tod kann ihnen kein Leides tun.

Franziskus von Assisi

So Gott dem Menschen Gnade schenkt, dünken ihn alle Dinge, die er um Gottes willen tut, erträgt oder erleidet, leicht; wenn Gott aber dem Menschen die Gnade entzieht, wird ihm alles unendlich schwer.

Mechthilde von Hackeborn

Denen, die zuweilen fallen, sich aber dann wieder erheben, wird die Hilfe der Gnade Gottes nicht fehlen. Zwar werden sie im Sturmwind des Gottesgerichtes niedergebeugt, aber gerade dadurch pflanzt Gott wieder in ihnen die Wurzel, aus der heraus sie mit Gottes Kraft wieder beginnen können.

Hildegard von Bingen

Wenn Du von Herzen nach dem Licht der göttlichen Gnade verlangst, wenn Du Dein Herz von allen Kümmernissen und Nöten fern- und freihalten willst, wenn Du alle Versuchungen und schuldbeladenen Handlungen zügeln und vermeiden willst, wenn es Dein ganzes Begehren und Wollen ist, möglichst vollkommen auf dem Weg zu Gott zu wandeln, dann darfst Du niemals säumen und zögern, zum Kreuz Christi hinzueilen.

Angela von Foligno

O mein Gott! Wie hart war mir diese Anfechtung! Als Mittel dagegen gebrauchte ich das Kreuz unseres Heilandes und sagte zu mir selbst: »Tochter von so wenig Glauben? Was scheust du dich, vor was fürchtest du dich? Wohl gehst du auf stürmischen Wogen dahin, aber dein Herr Christus ist bei dir!«

Johanna Franziska von Chantal

Du mein Gott, ich preise Dich und gedenke Deiner mit Danksagung, und ich rühme und bekenne Deine Erbarmungen über mich. »Alle meine Gebeine« sollen überfließen von Liebe zu Dir, und sie sollen laut verkünden: »Herr, wer ist Dir gleich? Du hast meine Fesseln zerbrochen, Dir will ich das Opfer des Lobes bringen.« Auf welche Weise Du meine Fesseln zerbrochen hast, das will ich erzählen, und alle, die Dich anbeten, sollen, wenn sie dies hören, bekennen: »Gepriesen sei der Herr im Himmel und auf der Erde, groß und wunderbar ist sein Name!«

Deine Worte sind in das Innerste meines Herzens gefallen und dort fest verwurzelt, und überall und von allen Seiten war ich von Dir umgeben. Dessen war ich mir gewiß: Du bist das ewige Leben, obwohl ich dies nur »im Rätsel« und gleichsam »wie im Spiegel« erkannt hatte, war dennoch jeglicher Zweifel an einer unvergänglichen, unzerstörbaren Wesenheit, dem Urgrund aller Wesen, gänzlich von mir genommen.

Augustinus

Unser Herr schaut nicht so sehr auf die Größe unserer Taten, nicht einmal darauf, wie schwer sie sind – nur auf die Liebe, mit der wir sie tun und begleiten.

Theresia von Lisieux

In Anbetracht der Nachricht über den Verlust all unserer und unserer Nachbarn Scheunen mit dem gesamten Kornvorrat sind wir gehalten, ja müssen wir – obgleich es um das viele gute Getreide sehr schade ist –, da es Ihm nun gefallen hat, uns solches Ungemach zu schicken, es nicht nur hinnehmen, sondern uns seiner Heimsuchung sogar freuen. Er hat alles gegeben, was wir verloren haben, und da Er es durch solch ein Unglück wieder fortgenommen hat, beugen wir uns Seinem Willen. Laßt uns darum nie murren, sondern es mit Fassung tragen und Ihm für die Not und den Zweifel ebenso danken wie für den Wohlstand; ja, wir haben mehr Grund, Ihm für unseren Verlust als für unseren Gewinn dankbar zu sein; denn Er sieht in Seiner Weisheit klarer, was uns guttut als wir selber.

Thomas Morus

Schweigen wir – um des Himmels willen –, wenn wir wollen, daß Gott, der Herr, zu uns reden soll.

Joseph Cafasso

Wer durch den Glanz und die Herrlichkeit alles Geschaffenen nicht erleuchtet wird, ist blind. Wer durch die lauten Rufe nicht aufwacht, ist taub. Wer ob aller Geschöpfe und ob aller seiner Werke Gott nicht lobt, ist stumm, und wer aus all diesen Zeugnissen den Urgrund, den Schöpfer, nicht erkennt, ist töricht und dumm. Öffne die Augen, neige die geistigen Ohren, öffne die Lippen, schließe das Herz auf, damit du in allen Geschöpfen deinen Gott siehst und hörst, ihn lobst und liebst und verehrst und ihn anbetest und preisest.

Bonaventura

Du Gott bist das Licht in allen Lichtern;
Du Gott bist eine Blume, herrlicher als alle
Kronen;
Du Gott bist eine Salbe gegen alle Schmerzen;
Du Gott bist die unwandelbare Treue ohne
Falschheit;
Du Gott bist der gute Wirt, der uns aufnimmt in
allen Herbergen, an allen Orten.

Mechthild von Magdeburg

Sucht man sich selbst in Gott, so sucht man die Gaben und Freuden Gottes. Sucht man aber Gott selbst, so heißt das, nicht bloß dieses oder jenes für Gott entbehren wollen, sondern die Neigung, für Christus alles Widrige zu wählen, sei es von Gott her oder von der Welt, und dieses ist die Liebe zu Gott. Ach, wer uns begreiflich machen könnte, wie weit diese Entsagung nach dem Wunsch unseres Herrn gehen sollte! Es ist sicher, daß sie wie Tod und Vernichtung sein muß: zeitlich, natürlich, geistig, in allem, was der Wille hochschätzt; denn darin liegt wahre Selbstverleugnung. Und dies will unser Erlöser sagen mit den Worten: »Wer seine Seele retten will, wird sie verlieren.« Das soll heißen: Wer etwas für sich selbst besitzen oder suchen will, wird sie verlieren. Und: »Wer seine Seele um meinetwillen verliert, wird sie bewahren.« Das soll heißen: Wer für Christus allem entsagt, was sein Wille anstreben und genießen könnte, und für sich erwählt, was mehr als Kreuz erscheint – was der Herr durch den hl. Johannes »seine Seele hassen« nennt –, der wird sie bewahren.

Johannes vom Kreuz

Ein reines Herz muß lieben, weil es zur Quelle aller Liebe, zu Gott, hingefunden hat.

Jean-Baptist-Marie Vianney (Pfarrer von Ars)

Deine Gedanken, deine Überlegungen und Vorhaben sollst du nicht beliebigen Menschen eröffnen, sondern nur denen, die deine Seele heilen und retten können.

Antonius der Große

Mein Herr, ich danke Dir, weil Du mit diesen Gebeinen meines geliebten Gatten mir Barmherzigkeit erweisest und mich tröstest. Du weißt, wie sehr ich ihn geliebt habe. Dennoch neide ich Dir den Inniggeliebten, nun Dir Geweihten, nicht, den Du von mir genommen hast in die Ruhestätte heiliger Erde. Wenn ich ihn wiederhaben könnte, die ganze Welt würde ich für ihn hingeben, und wenn ich immer mit ihm zusammen betteln gehen müßte. Aber gegen Deinen Willen – Du bist mein Zeuge – will ich nicht ein Haar von ihm zurückhaben. Nun übergebe ich ihn und mich Deiner Gnade: an uns soll Dein Wille geschehen.

Elisabeth von Thüringen

Wessen Glück sich auf Erden mehrt, der soll Gott dankbar sein dafür, so mehrt sich sein Glück auch im Himmel.

Nikolaus von Flüe

Bewahrt stets mit all eurem Streben die Liebe zu Gott und dem Nächsten. Haltet Demut und Armut, die Christus selbst beobachtet und gelehrt hat. Und seid überzeugt, daß der barmherzige Herr und Gott in Seiner Gnade euch niemals verlassen wird.

Agnes von Böhmen (von Prag)

Komplet

Der Herr ist deine Zuflucht,
du hast dir den Höchsten zum Schutz erwählt.

Psalm 91,9

Herr, Du bist mir Vater und Freund, Du bist der Urheber, Bürge und Vollender meines Heils; Du bist mein Verlangen, Du bist mein Trost, und Du bist mein Reichtum. Du bist mir alles, und alles Meine ist in Dir. Du bist mir die ganze Welt, und meine ganze Welt bist Du allein, nichts anderes sonst.

Petrus, der Apostel

Die Einsamkeit nimmt zu. Mehr und mehr fühlt man sich allein auf der Welt. Die einen sind in die ewige Heimat gegangen, das Leben der anderen spielt sich mehr und mehr abseits von dem unseren ab; man kommt sich vor wie die Olive, die nach der Ernte allein am Ende eines Zweiges hängen blieb und vergessen wurde. In unserem Alter kommt einem dieser Vergleich der Bibel oft in den Sinn.
Jesus aber bleibt, Jesus, der unsterbliche Bruder und Bräutigam, der uns so liebt, wie kein Menschenherz je lieben kann; Er bleibt uns, Er wird stets bleiben. Er hat uns geliebt, liebt uns in diesem Augenblick, und Er wird uns bis zu unserem letzten Seufzer lieben; und wenn wir Seine Liebe nicht zurückstoßen, so wird Er uns ewig lieben: caritate perpetua dilexi te, miserans ... wir sind nicht zu bedauern, wir sind nicht allein, wir sind nicht vergessen; wir haben den zärtlichsten, den liebevollsten, den vollkommensten Bräutigam, der uns liebt und uns stets so lieben wird, wie kein Mensch je geliebt hat.

Charles de Foucauld

Du bist nahe Herr, und alle Deine Gebote sind Wahrheit. Durch Seine Gebote also ist uns der Herr nahe. Wenn wir dem, der sich uns naht, uns nicht mit all unserer Kraft nähern, so werden wir Seine beglückende Nähe nie erfahren.

Origenes

Eigne dir die Gewohnheit an, mit Gott zu sprechen, der ganz für dich da ist.
Sprich vertraulich und mit grenzenlosem Vertrauen, wie zu deinem besten Freund, der ganz von Liebe erfüllt ist.
Sprich oft mit Gott: von deinem Leben, von deinen Plänen, von deinen Sorgen, von deinen Freuden und deinen Befürchtungen, von allem, was dich bewegt.
Vor allem aber, sprich vertraulich und freimütig mit Gott, denn Er spricht nicht gern mit jemandem, der sich Ihm nicht anvertrauen will. Sprich deine Gedanken voll Vertrauen aus.
Und bedenke, daß Gott nicht wartet, bis du kommst: Er kommt dir immer schon zuvor. Sein Antlitz ist dir stets zugewandt.
Und bedenke, daß niemand – Freund oder Verlobte, Vater oder Mutter, Schwester oder Bruder – dich mehr liebt als Gott!
Gott sehnt sich danach, daß du offen mit Ihm Zwiesprache hältst, vertraulich und ohne Hemmungen. Wende dich Ihm mit dem größten Vertrauen zu, dann wird Gott seinerseits zu dir sprechen. Nicht mit Worten, die in deine Ohren klingen, sondern auf eine Weise, die dein Herz

berührt. Du wirst Frieden, Hoffnung, innere Freude und Reue über deine Sünden verspüren, ein sanftes Klopfen an der Türe deines Herzens.

Alfons von Liguori

Wir haben gefunden, daß die Barmherzigkeit Gottes so unendlich groß ist und so vollkommen mit Gottes Gerechtigkeit übereinstimmt, daß diese Übereinstimmung größer nicht gedacht werden kann. Denn was könnte Barmherzigeres erdacht werden als das: Gott, der Vater, spricht zu dem zu ewigen Qualen verdammten Sünder, der von sich aus nichts hat, sich aus dieser Verdammnis zu befreien: »Nimm meinen Eingeborenen, meinen Sohn, und gib ihn an deiner Statt!« Und Er, der Sohn Gottes, spricht: »Nimm mich, und kaufe dich los!«? Gleichsam mit diesen Worten sprechen sie, wann immer sie uns zum christlichen Glauben rufen. Und was ist überhaupt gerechter, als daß der, dem ein Lösegeld gegeben wird, das größer ist als jede nur mögliche Schuld, dann jegliche Schuld erläßt, wenn das Lösegeld aus Liebe gegeben wird?

Anselm von Canterbury

Wer nichts anderes sucht als Gott, der geht nicht im Finstern, wie dunkel und armselig er sich auch fühlen mag. Wer sich nichts einbildet und nicht den eigenen Vorteil sucht, weder bei Gott noch bei den Geschöpfen, wer weder in diesem noch in jenen das eigene Gutdünken befriedigen will, der braucht weder über etwas zu stolpern, noch müßte er Gespräche führen.

Johannes vom Kreuz

Vater, wenn ich nicht wage, mich Dein Kind zu nennen, so gib mir dennoch, daß ich immer Dein treuer Knecht bin und ein Schaf Deiner Weide. Herr, sprich von Zeit zu Zeit zum Herzen Deines Knechtes: Deine Tröstungen werden meine Seele erfreuen. Herr, lehre mich, daß ich häufiger zu Dir spreche und zu Dir, Du mein Gott und Vater, meine Armseligkeit und all meine Not hintrage.
Du meine Stärke, Du meine Kraft, erbarme Dich meiner Unzulänglichkeit! Daß meine Schwäche und Gebrechlichkeit in Deinem Dienst ausharrt, es sei Dir zur großen Ehre! Amen.

Wilhelm von St. Thierry

Durch die Gnade Gottes, welche das Wertvollste für die Geschöpfe ist, ist die Seele des gläubigen Menschen größer als der Himmel; denn die Himmel mit den übrigen Geschöpfen vermögen den Schöpfer nicht zu fassen, die gläubige Seele allein ist Seine Wohnung und Sein Sitz, und dies nur durch die Liebe, welcher die Gottlosen entbehren.

Klara von Assisi

Guter Jesus, ich flehe Dich an, gib gnädiglich dem, dem Du gütig den süßen Trank der Worte der Erkenntnis Deiner gewährt und geschenkt hast, dereinst zu Dir, dem Urquell aller Weisheit, zu gelangen und immer vor Deinem Antlitz zu stehen! Amen.

Beda Venerabilis

Herr, ist es möglich,
daß einer neugeboren wird,
der schon des Lebens Mitte überschritt?
Du hast's gesagt,
und mir ward es zur Wirklichkeit.
Des langen Lebens Last
an Schuld und Leid
fiel von mir ab.

Ach, keines Menschen Herz
vermag zu fassen,
was denen Du bereitet,
die Dich lieben.
Nun hab ich Dich
und lasse Dich nicht mehr.

Edith Stein

Du Liebe, Du Gott, Du bist mein kostbarster Besitz;
außer Dir erhoffe ich nichts,
außer Dir will ich nichts, außer Dir besitze ich nichts.
Du bist mein wahres Erbteil, Du bist meine Sehnsucht.
Du bist mein Ziel, zu dem ich voller Erwartung strebe.

Erscheine Du mir, Du mein teuerster, strahlende Abendstern zur Zeit meines Todes,
damit ich in Dir die ersehnte Ruhe an jenem, meinem Abend finde.

Gertrud die Große

Sage, Narr, was ist der Anfang der Weisheit?
Er antwortete: Glaube und Frömmigkeit, die die Leiter sind, auf der der Verstand hinaufsteigt, um die Geheimnisse meines Geliebten, Christus, zu begreifen.
Und Glaube und Frömmigkeit, wo nehmen sie ihren Anfang?
Er antwortete: In meinem Geliebten, in Christus, der den Glauben erleuchtet und die Frömmigkeit erwärmt.

Raimundus Lullus

Wenn Du die Ursache Deiner Erblindung in der Sünde suchst und eine Krankheit, die die Ärzte nicht heilen können, auf den Zorn Gottes zurückführst, dann verdächtigst Du damit auch Isaak, dessen Augen so trüb waren, daß er sich täuschen ließ und den segnete, den er nicht segnen wollte, und auch Jakob, dessen Augen so schwach waren, daß er Ephraim und Manasse nicht unterscheiden konnte, während hingegen sein geistiges Auge mit prophetischem Blick in ferne Zukunft schaute und den kommenden Messias aus königlichem Geschlecht weissagte.

Hat nicht der Sohn Gottes – um von Menschen zu schweigen – die Schmach des Kreuzes auf sich genommen? Und Du preisest die selig, die das Glück und die Freuden dieser Welt genießen? Die größte Strafe für die sündigen Menschen ist es, wenn der Zorn des Herrn sie nicht trifft. Deshalb spricht der Herr zu Jerusalem: »Mein Zorn gegen dich wird ruhen, und meine eifersüchtige Liebe für dich wendet sich von dir ab.« – Wen der Herr liebt, den züchtigt Er; Er sucht jeden heim, den Er an Kindes Statt annimmt. Der Vater unterweist nur den, den Er liebt.

Hieronymus

Der Zeichen, durch die Gott der Vater sich einer Seele, die Ihn liebt, offenbart, sind sechs: Das erste Zeichen ist die Segnung; Gott der Vater segnet nämlich als erstes die Seele, die Er liebt. Das zweite: Er läßt sie teilhaben an Seinen Gütern. Das dritte: Er ermahnt und belehrt sie; das vierte: Er weist sie zurecht und bessert sie; das fünfte: Er beschützt sie und verteidigt sie; das sechste: Er behütet und bewahrt sie.

Angela von Foligno

Die Quellen der inneren Seligkeit entspringen nicht auf der Erde. Himmelwärts muß man den Mund der Sehnsucht richten, leer und frei von jedem anderen Wunsche, zu dem hin, der mir sagt: »Tu deinen Mund auf, ich will ihn füllen« (Ps. 81,11).

Johannes vom Kreuz

Was ist Gott anderes denn Leben und Lieblichkeit, leuchtendes Licht, unvergängliche Güte, richtende Gerechtigkeit und heilendes Erbarmen?

Birgitta von Schweden

Wenn ich nicht in der Gnade Gottes bin, so möge Gott mich darein versetzen. Wenn ich darin bin, möge Gott mich darin erhalten. Ich wäre der unglücklichste Mensch der Welt, wenn ich wüßte, daß ich nicht in der Gnade Gottes stünde.

Johanna von Orléans

Nichts ist für uns notwendig außer Gott. Gott finden wir nur, wenn wir unser Herz und unseren Geist allein in Gott bergen.

Angela von Foligno

Das Kreuz ist uns als Zeichen auf die Stirn gegeben; es ist Schild und Waffe und Siegeszeichen gegen das Böse; es ist das Siegel, daß uns der Erwürger nicht berührt, wie die Heilige Schrift sagt. Das Kreuz ist die Aufrichtung der Darniederliegenden, der Halt der Stehenden, die Stütze der Schwachen, der Stab der Herde, die geweidet wird, der Führer der Umkehrenden, die Vollendung der Fortschreitenden, das Heil der Seele und des Leibes, die Abwehr aller Übel, die Gewähr alles Guten, die Tilgung aller Sünde, das Reis der Auferstehung, der Baum des ewigen Lebens.

Johannes von Damaskus

Seele Christi, heilige mich,
Leib Christi, rette mich,
Blut Christi, berausche mich,
Wasser der Seite Christi, wasche mich,
Leiden Christi, stärke mich.
Gütiger Jesus, erhöre mich!
Von Dir laß nimmer scheiden mich.
Vor dem bösen Feind verteidige mich.
In meiner Todesstunde rufe mich
und heiße zu Dir kommen mich,
mit Deinen Heiligen zu loben Dich,
jetzt, alle Zeit und ewiglich. Amen.

Ignatius von Loyola

Sei mit Gott allein zufrieden. Wenn du außer Ihm nichts verlangst, kann kein Ding dich mit Trauer erfüllen.

Jan van Ruysbroeck

Ihr sollt nicht jammern und seufzen, damit nicht in eurem Herzen Groll gegen den Herrn aufsteigt, ihr wäret, Verdürstenden gleich, von Ihm verlassen worden, und nun bedränge euch Neues, Fremdes. Lest die Schriften des Heiligen Geistes und erinnert euch an die vergangenen Zeiten! Alle, die vor euch auf diesem Weg gegangen sind, auf dem ihr heute wandelt, haben in allen ihren Werken und Mühen Gott gefallen, und sie sind durch viele Ängste und Nöte hindurchgegangen, und sie sind hingelangt zur vollkommenen Freiheit in der Glorie der Kinder Gottes.

Elisabeth von Schönau

Wie ein Schiff unentwegt nach dem Kompaß fährt, ob ihm die Winde günstig sind oder nicht, ob der Kurs nach Süd oder West oder Ost oder Nord geht: so soll auch in unserer Seele ein ruhiger, unbeirrbarer Zeiger sein. Mag sie traurig sein oder froh, in Frieden oder in Bitterkeit, im Dunkel oder in Klarheit, in Versuchung oder in Ruhe, in Trost oder in Verlassenheit, in Stumpfheit oder in Erregung, in Sonnenglut oder in frischer Morgenkühle: immer muß das ›Herz‹ unserer Seele, immer muß das ›Wollen‹ unseres Willens entschieden hingerichtet sein und entschieden hinstreben zu der Liebe des ewigen Schöpfers, der auch unser Erlöser, der unser höchstes und einziges Gut ist.

Franz von Sales

Wenn du in einer Sache dich aufhältst, gibst du dich nicht hin an das Ganze. Denn willst du vom Ganzen zum Ganzen gelangen, mußt du dich entäußern von allem in allen. Hast du einst alles in deinem Besitz, mußt du es haben, ohne etwas zu wollen. Denn wenn du etwas haben willst im Ganzen, besitzest du nicht rein und allein in Gott deinen Schatz.

Johannes vom Kreuz

Der Herr hat mein Gebet erhört, und nun achte ich alle weltlichen Besitztümer, die ich einst geliebt habe, gleich Schmutz und Kot. Für meine Kinder – Gott ist mein Zeuge – will ich sorgen wie für jeden anderen meiner Nächsten; ich übergebe sie Gott; Er mag ihnen tun, wie es Ihm gefällt: Auch bei Herabsetzung und falscher Anklage und in Verachtung meiner will ich mich freuen. Ich will nichts lieben als einzig und allein Gott.

Elisabeth von Thüringen

Willst du dahin kommen, alles zu genießen,
suche nichts im Genuß.
Willst du dahin kommen, alles zu besitzen,
suche nichts zu besitzen.
Willst du dahin kommen, alles zu sein,
suche nichts zu sein.
Willst du dahin kommen, alles zu wissen,
suche nichts zu wissen.
Willst du erlangen, was du nicht genießest,
geh dorthin, wo du nichts genießest.
Willst du erlangen, was du nicht weißt,
geh dorthin, wo du nichts weißt.
Willst du erlangen, was du nicht besitzest,
geh dorthin, wo du nichts besitzest.
Willst du werden, was du nicht bist,
geh dorthin, wo du nichts bist.

Johannes vom Kreuz

Wer in ein übervolles Gefäß noch mehr hineingießt, verschüttet, was er noch zugießt. Auch in eine Menschenseele, die von Gottes Gnade und Gottes Geist ganz erfüllt ist, kann das Böse nicht eindringen: Die Gnade erfaßt alles und läßt keinen Winkel frei, so kann ihr Gegenteil nicht bleiben und Wohnung nehmen.

Antonius von Padua

Kurz-Viten und Textnachweise

AELRED VON RIEVAULX (Rieval)

Um 1110 in Hexham geboren, war bis 1133 am schottischen Königshof, wurde 1133 Mönch in Rievaulx, 1142/43 Abt in Revesby und 1147 Abt in Rievaulx, wo er am 12. Januar 1167 starb. Aelred, der ›hl. Bernhard Englands‹, ist einer der bedeutendsten Theologen des englischen Mittelalters. Sein Fest (seit 1871 im gesamten Zisterzienserorden): 3. Februar.

Text S. 145: Expositio venerabilis Aelredi Abbatis de Rievalle de Evangelica lectione cum factus esset Jesus annorum duodecim. Buch 3. Kap. 24. – Übersetzung von Johanna Lanczkowski.

AGNES VON BÖHMEN (von Prag)

Tochter König Ottokars I. von Böhmen (1198–1230), wurde 1205 in Prag geboren, verweigerte, vom franziskanischen Ideal ergriffen, die Verheiratung, stiftete 1233 ein Spital und ein Klarissenkloster, in das sie 1234 eintrat. Sie starb am 2. März 1281. Am 12. November 1989 wurde sie von Johannes Paul II. heiliggesprochen. Fest: 8. Juni.

Text S. 103: Some New Sources for the Life of Blessed Agnes of Bohemia. Including Fourteenth Century Latin Version (Bamberg. Misc. Hist. 146, E. VII,19) and Fifteenth Century German Version (Berlin, Germ. Oct. 484) by Walter W. Seton. Aberdeen 1915. S. 110–113. – Übersetzung von Johanna Lanczkowski.

Text S. 196: Julius Glaubrecht: Die selige Königstochter Agnes von Böhmen und die letzten Přemisliden. Regensburg: Manz, 1874. S. 164 (aus dem Segen der sterbenden Agnes für ihre geistlichen Töchter).

ALFONS VON LIGUORI s. LIGUORI.

ALOYSIUS VON GONZAGA

Am 9. März 1568 in Castiglione della Stiviere (bei Mantua) geboren, gelobte 1578 Keuschheit, verzichtete 1585 auf sein Erstgeburtsrecht und trat in den Jesuitenorden ein. Während der Pestepidemie 1591 infizierte er sich bei der Pflege Pestkranker und starb am 21. Juni 1591 in Rom. Benedikt XIII. (1724–30) sprach ihn 1726 heilig und erhob ihn 1729 zum Patron der Jugend. Fest: 21. Juni.

Text S. 38: Briefe und Schriften des hl. Aloysius von Gonzaga. Nach der ital. Ausg. des P. Enrico Rosa SJ übertr. und bearb. von Joseph Leufkens. München: Kösel/Pustet, 1928. S. 52. (Aussprüche und Lebensregeln.)

Text S. 128f.: Ebd. S. 147f. (Brief des Aloysius an seine Mutter Donna Marta zu Castiglione aus Rom, April 1591).

AMBROSIUS VON MAILAND

Um 339 in Trier geboren, wurde 374 – obwohl noch Taufbewerber – zum Bischof von Mailand gewählt. Ambrosius, einer der großen lateinischen Kirchenväter, war eine hervorragende Persönlichkeit der Kirche seiner Zeit. Er starb am 4. April 397 in Mailand. Fest: 7. Dezember (Tag seiner Bischofsweihe).

Text S. 109: Ambrosius: De officiis. Buch 1. Kap. 36. – Übersetzung von Johanna Lanczkowski.

ANGELA VON FOLIGNO

Um 1248 in Foligno geboren, war verheiratet, lebte nach ihrer Bekehrung 1285 als Franziskaner-Tertiarin und verkaufte nach dem Tod ihrer Angehörigen alle Habe. Sie hatte seit 1291 (Wallfahrt nach Assisi) mystische Erlebnisse (aufgezeichnet durch Fr. Arnald OFM). Sie starb am 4. Januar 1309 in Foligno. Klemens XI. (1700–21) bestätigte ihre Verehrung als Selige; Benedikt XIV. (1740–58) erhob sie zur ›magistra theologiae‹. Fest: 4. Januar (festgelegt von Pius X. [1903–14]).

Text S. 33: Le livre de la bienheureuse Angèle de Foligno. Documents, éd. par P. Paul Doncoeur avec le concours de F. Pulignani. Texte latin. Paris: Art Catholique, 1926. S. 138,XV (Brief an einen Sohn).

Text S. 83: Ebd. S. 123,IV.

Text S. 143: Ebd. S. 138,XVI (Brief an einen Sohn).

Text S. 183: Ebd. S. 137,XV (Brief an einen Sohn).

Text S. 213: Ebd. S. 187.

Text S. 217: Ebd. S. 135.

Übersetzung von Johanna Lanczkowski.

ANSELM VON CANTERBURY

1033/34 in Aosta (Piemont) geboren, trat 1060 in das Benediktinerkloster Bec ein, wurde 1063 Prior, Leiter der Klosterschule, 1079 Abt und 1093 Erzbischof von Canterbury. 1097–1100 und 1103–06 im englischen Investiturstreit zum Exil gezwungen, gelang ihm 1106 der Kompromiß mit der Krone: Anselm konnte die Rechte der Kirche wahren. Er starb am 21. April 1109 in Canterbury. Klemens XI. (1700–21) erhob ihn 1720 zum Kirchenlehrer. Fest: 21. April.

Text S. 204: Anselm von Canterbury: Cur Deus homo? (Warum ist Gott Mensch geworden?) Buch 2. Kap. 20. – Übersetzung von Johanna Lanczkowski.

ANTONIUS DER GROSSE
(Antonius der Einsiedler; Antonius der Abt)

251/252 in Kome (heute: Keman) in Mittelägypten geboren, lebte, durch Mt. 19,21 veranlaßt, in der Wüste als Asket. Er hatte zahlreiche Schüler und bemühte sich um Christen, die verurteilt waren. Er starb im Alter von 105 Jahren 356 (?). Seine Biographie, die *Vita Antonii*, verfaßt von Athanasius (gest. 373), verbreitete das Ideal des Mönchtums. Antonius gehört zu den vierzehn heiligen Nothelfern. Fest: 17. Januar.

Text S. 51: Aus: S. Antonii Magni Abbatis spiritualia documenta regulis adjuncta ad filios suos monachos. [Des hl. Antonius des Großen, des Abtes, geistliche Zeugnisse, den Regeln angefügt, für seine geistlichen Söhne, die Mönche.]

Text S. 89: Sanctissimi Patris nostri Antonii Magni Abbatis Regulae sive Canones ad filios suos spirituales monachos. [Unseres heiligsten Vaters Antonius des Großen, des Abtes, Regeln oder Bestimmungen für seine geistlichen Söhne, die Mönche.] Regel 65.

Text S. 193: Ebd. Regel 41.

Übersetzung von Johanna Lanczkowski.

ANTONIUS VON PADUA

1195 in Lissabon geboren, seit 1210 Augustiner-Chorherr, seit 1220 Franziskaner, wirkte als Prediger gegen Häretiker (Albigenser, Katharer) in Südfrankreich (1224) und Oberitalien (1222–24; 1227–30), zuletzt vor allem in Padua. Franz von Assisi ernannte ihn zum ersten theologischen Lehrer des Ordens. Antonius starb am 13. Juni 1231 in Arcella (bei Padua). Er wurde am 30. Mai 1232 von Gregor IX. (1227 bis 1241) heiliggesprochen und am 16. Januar 1946 von Pius XII. (1939–58) zum Kirchenlehrer erhoben. Fest: 13. Juni.

Text S. 136: Sophronius Clasen (Hrsg.): Lehrer des Evangeliums. Ausgewählte Texte aus den Predigten des hl. Antonius von Padua. Werl: Dietrich Coelde, 1954. (Franziskanische Quellenschriften. Bd. 4.) S. 160.

Text S. 166: Ebd. S. 165 f.

Text S. 226: Ebd. S. 160.

AUGUSTINUS

Am 13. November 354 in Tagaste (heute: Souk Ahras) geboren, war Rhetor in Tagaste (374/375) und Karthago (375–383) und gehörte fast zehn Jahre lang bis zu seiner Übersiedlung nach Rom 383 den Manichäern an. Seit 384 Rethoriklehrer in Mailand, wurde er unter dem Eindruck des Bischofs Ambrosius Christ (Taufe 387); er kehrte 388 nach Afrika zurück und wurde 396 Bischof von Hippo. Augustinus starb am 28. August 430. Er gilt als der größte lateinische Kirchenlehrer. Fest: 28. August.

Text S. 185: Augustinus: Confessiones (Anfang von Buch 8). – Übersetzung von Johanna Lanczkowski.

BASILIUS DER GROSSE

329/331 in Caesarea in Kappadokien geboren, war Bischof von Caesarea und der größte unter den ›Drei Kappadokiern‹. Er trug wesentlich zum Scheitern des Arianismus bei. Er starb am 1. Januar 379. Schon zu Lebzeiten ›der Große‹ genannt – Basilius: »ein Christ stirbt der Welt, um für die Brüder zu leben« –, gehört zu den Kirchenlehrern. Fest: 14. Juni; in der Ostkirche: 1. und 30. Januar.

Text S. 97: Ausgewählte Schriften des hl. Basilius des Großen, Bischofs von Caesarea und Kirchenlehrers. Bd. 1. Hrsg. und eingel. von V. Gröne. Kempten: Kösel, 1875.

(Bibliothek der Kirchenväter. Reihe 1. Hrsg. von V. Thalhofer. Bd. 14.) S. 349, 350, 358 (10. Rede: »Über den Neid«).

BEDA VENERABILIS (Baeda; Bedanus)

Um 672/673 geboren, kam siebenjährig in das Benediktinerkloster Wearmouth. Sein berühmtestes Werk ist *Historia ecclesiastica gentis Anglorum* (Kirchengeschichte des Stammes der Angeln). Beda starb am 26. Mai 735 im Kloster Jarrow. Schon sehr bald (836) ›venerabilis doctor admirabilis‹ (ehrwürdiger, bewundernswerter Lehrer) genannt, erklärte ihn Leo XIII. (1878–1903) zum Kirchenlehrer (1900) und ordnete Bedas Fest – 27. Mai – für die gesamte Kirche an.

Text S. 208: Beda der Ehrwürdige: Kirchengeschichte des englischen Volkes. Lat./Dt. Übers. von Günter Spitzbart. Bd. 2. Darmstadt: Wissenschaftliche Buchgesellschaft, 1982. (Texte zur Forschung. Bd. 34.) S. 547 (Gebet Bedas am Ende des 5. Buches der Kirchengeschichte).

BENEDIKT VON NURSIA

Um 480 in Nursia (heute: Norcia) geboren, lebte nach kurzem Rom-Aufenthalt drei Jahre als Einsiedler in einer Höhle. Nach seiner Rückkehr scharten sich Schüler um ihn, und um 529 gründete er ›sein‹ Kloster auf dem Monte Cassino, für das er seine weltberühmte Regel verfaßte. Benedikt starb am 21. März 547/555/560. Er ist der Vater des abendländischen Mönchtums und trägt mit Recht den Ehrennamen ›Vater des Abendlandes‹. Fest: 21. März und 11. Juli.

Text S. 171: Die Benediktus-Regel. Lat./Dt. Hrsg. von P. Basilius Steidle OSB. Beuron: Beuroner-Kunstverlag, ^{4}1980. S. 71 ff. (aus Kap. 4: Die Instrumente der guten Werke).

BERNHARD VON CLAIRVAUX

1090 in Fontaines-lès-Dijon geboren, trat 1112 mit 30 von ihm Motivierten in das Kloster Cîteaux ein, wurde von dort 1115 zur Gründung von Clairvaux ausgesandt. Er war die geistig überragende Persönlichkeit seiner Zeit; Bernhard hinterließ ein einflußreiches Werk. Er starb am 20. August 1153 in Clairvaux. Alexander III. (1159–81) sprach ihn am 18. Januar 1174 heilig; Pius VIII. (1829–30) erhob ihn zum ›doctor ecclesiae‹. Fest: 20. August.

Text S. 178: Bernhard von Clairvaux: Sermones super Cantica Canticorum (aus Predigt 44). – Übersetzung von Johanna Lanczkowski.

BIRGITTA (BRIGITTA) VON SCHWEDEN

Um 1303 in Finstad (bei Uppsala) geboren, wurde dreizehnjährig verheiratet (acht Kinder; Tochter: hl. Katharina von Schweden), empfing nach 1344 (Tod ihres Mannes Ulf Gudmarsson) die visionäre Berufung als ›Braut und Mittlerin Gottes‹. Ihre schwedisch niedergeschriebenen Offenbarungen übersetzten Petrus von Alvastra und Matthias von Linköping ins Lateinische. Sie gründete 1346 in Wadstena den Birgittenorden, übersiedelte 1349 nach Rom, wallfahrtete 1373 ins Heilige Land und starb am 23. Juli 1373 in Rom. Bonifatius IX. (1389–1404) sprach sie am 7. Oktober 1391 heilig. Fest: 8. Oktober; in Schweden: 7. Oktober.

Text S. 18: Emilia Fogelklou: Die hl. Birgitta von Schweden. Aus dem Schwed. übertr. von M. Loehr. München: Reinhardt, 1929. S. 271 (aus den »Offenbarungen der hl. Birgitta« IV,44).

Text S. 118: Ebd. S. 133 (aus den »Offenbarungen der hl. Brigitta« III,9).

Text S. 153: Ebd. S. 223.

Text S. 215: Ebd. S. 314.

BONAVENTURA (Johannes Fidanza di Castello)

1217/18 in Bagnoreggio bei Viterbo geboren, wurde 1243 Franziskaner, war seit 1257 Professor in Paris und von 1257 bis 1274 Generalminister seines Ordens; er wurde 1273 Kardinalbischof von Albano und starb am 15. Juli 1274 auf dem 2. Konzil in Lyon. 1482 sprach ihn Sixtus IV. (1471–84) heilig; Sixtus V. (1585–90) erhob ihn zum Kirchenlehrer (Doctor Seraphicus). Fest: 14. Juli.

Text S. 41: Bonaventura: Pilgerbuch der Seele zu Gott. Die Zurückführung der Künste auf die Theologie. Eingel., übers. und erl. von Julian Kaup OFM. München: Kösel, 1961. S. 54 (Kap. I,1).

Text S. 189: Ebd. S. 70 (Kap. I,15; die Übersetzung wurde nach dem lateinischen Text leicht geglättet).

DON GIOVANNI BOSCO (Don Bosco)

Am 16. August 1815 in Becchi bei Turin geboren, ist der Begründer eines beispielhaften kirchlichen Jugenderziehungswerkes sowie der ›Salesianischen Kongregation‹ (gegr. 18. Dezember 1859) und der Mitbegründer der ›Töchter Mariä Hilfe der Christen‹ (Don-Bosco-Schwestern; gegr. 1872). Don Bosco hat zahlreiche geistliche und pädagogische Schriften verfaßt. Er starb am 31. Januar 1888 in Turin. Am 1. April 1934 wurde er von Pius XI. (1922–39) heiliggesprochen. Pius XII. (1939–58) erhob ihn zum Patron der katholischen Verleger. Fest: 31. Januar.

Text S. 27: Johannes Bosco: Erinnerungen. Autobiographische Aufzeichnungen über die ersten 40 Jahre eines Lebens im Dienst an der Jugend. Aus dem Ital. übers. von P. A. Nosko SDB und P. M. Haunolder SDB. München: Don Bosco Verlag, 1988. S. 106 und 108.

Text S. 65: Teresio Bosco: Don Bosco. Sein Lebensweg – sein Lebenswerk. Übers. von J. Schepping FMA. München: Don Bosco Verlag, 1987. S. 228.

Text S. 80: Ebd. S. 192.

Text S. 176: Ebd. S. 173.

BRUNO DER KARTÄUSER (Bruno von Köln)

1030/35 in Köln geboren, war Priester und Lehrer an der Domschule zu Reims und seit 1057 ihr Leiter. 1083 wurde er Mönch und Einsiedler unter Abt Robert von Molesme (gest. 1108). Bruno gründete 1084 im Felsgebiet von Cartusia (nahe Grenoble) die erste Kartause. 1090 wurde er von Urban II. (1088–99), seinem Schüler, nach Rom berufen. Roger von Apulien schenkte ihm La Torre, von hier aus gründete Bruno S. Stefano in Bosco, wo er am 6. Oktober 1101 starb. Der Kartäuserorden wurde 1170 durch Alexander III. (1159–81) bestätigt. Fest: 6. Oktober.

Text S. 161: Hermann Löbbel: Der Stifter des Carthäuser-Ordens, der hl. Bruno aus Köln. Münster i. W.: Schöningh, 1899. S. 64 f. Anm. 6 (lat. Text des einzigen von Bruno erhaltenen Gedichts). – Übersetzung von Johanna Lanczkowski.

DON GIUSEPPE (JOSEPH) CAFASSO (Don Cafasso)

Am 15. Januar 1811 in Castelnuovo d'Asti geboren, seit 1833 Priester, widmete sein Leben der Erziehung des Priesternachwuchses und der Fürsorge für Arme und Gefangene (›Galgenpriester‹). Sein berühmtester Schüler und erster Biograph ist Don Bosco. Don Cafasso starb am 23. Juni 1860 in Turin. Pius XII. (1939–58) sprach ihn 1947 heilig; Don Cafasso ist der Patron der Gefängnisseelsorger. Fest: 23. Juni.

Text S. 26: D. W. Mut: Der selige Joseph Cafasso. Beichtvater und Seelenführer des ehrwürdigen Don Bosco. München 1925. S. 152.

Text S. 188: Ebd. S. 140 f. (überliefertes Zitat; Don Cafasso hat alle Briefe verbrannt und nie eine Predigt drucken lassen).

JOHANNA FRANZISKA VON CHANTAL (Jeanne-Françoise Frémyot)

Geboren am 28. Januar 1572 in Dijon, verheiratet (1592) mit Baron de Chantal (vier Kinder), lebte nach dem Tod ihres Mannes (1601) der Armenpflege. Unter dem Einfluß von Franz von Sales – seit 1604 ihr Seelenführer – gründete sie 1610 in Annecy mit seiner Hilfe den Orden von der Heimsuchung Mariä (Salesianerinnen). Sie starb am 13. Dezember 1641 in Moulins und wurde 1767 von Klemens XIII. (1758–69) heiliggesprochen. Fest: 21. August.

Text S. 127: Emile Bougaud: Die hl. Johanna Franziska von Chantal und der Ursprung des Ordens von der Heimsuchung. Freiburg i. Br.: Herder, 1869. Bd. 1. S. 356.

Text S. 184: Ebd. S. 360 f.

ALFRED DELP

Am 15. September 1907 in Mannheim geboren, wurde 1926 Jesuit, war Erzieher an den Jesuitenkollegien in Feldkirch und St. Blasien. Seit 1939 Mitarbeiter der *Stimmen der Zeit* und seit 1942 für den ›Kreisauer Kreis‹ tätig (Entwurf einer christlichen Sozialordnung). Delp wurde im Juli 1944 verhaftet und am 2. Februar 1945 in Berlin-Plötzensee hingerichtet. Seligsprechung eingeleitet.

Text S. 21 f.: Alfred Delp: Gesammelte Schriften. Hrsg. von Roman Bleistein. Bd. 4: Aus dem Gefängnis. Frankfurt

a. M.: Knecht, ²1985. S. 141 f. – © 1984 by Verlag Josef Knecht, 6000 Frankfurt am Main. (Brief an sein Patenkind, geb. 13. 1. 1945, geschrieben am 23. Januar 1945 nach der Verurteilung zum Tode in Erwartung der Vollstreckung.)

Text S. 144: Ebd. S. 97 (aus einem Brief an seinen Ordensbruder Franz von Tattenbach vom 10. Januar 1945, dem Vorabend der Verurteilung).

DOMINIKUS (Dominicus de Guzman)

Geboren um 1170 in Caleruega bei Osma in Kastilien, übernahm 1207 in Prouille bei Toulouse das Missionshaus der Katharer- und Albigenser-Mission, gründete 1215 in Toulouse eine Predigerkongregation mit Augustinerregel zur Bekehrung der Häretiker. Honorius III. (1216–27) bestätigte am 22. Dezember 1216 den Orden, benannte ihn 1217 ›Predigerbrüder‹ und verlieh ihm Sonderprivilegien (Predigt; Beichthören). Dominikus starb am 6. August 1221 in Bologna. Gregor IX. (1227–41) sprach ihn am 3. Juli 1234 heilig. Fest: 4. August.

Text S. 112: Berthold Altaner: Der hl. Dominikus. Untersuchungen und Texte. Breslau: Habelschwerdt, Frankes Buchhandlung, 1922. (Breslauer Studien zur historischen Theologie. Bd. 2.) S. 31 (Ausspruch des Dominikus, wiedergegeben von Radulphus im Kanonisationsprozeß in Bologna [1233]; von Dominikus existieren lediglich 6 Urkunden: 2 Erlaubnis-Urkunden, 4 Kauf- und Schenkungsurkunden; außerdem ein Brief an eine Madrider Nonne aus dem Jahr 1220).

DOMINIKUS (DOMENICO) SAVIO

Am 2. April 1842 in Riva (bei Chieri) geboren, kam 1854 zu Don Bosco nach Turin, begründete am 8. Juni 1856 das Immaculata-Bündnis: er und seine Freunde weihten sich der

Gottesmutter (»lieber sterben als sündigen«). Er starb am 9. März 1857 in Mondonio d'Asti und wurde am 12. Juni 1954 von Pius XII. (1939–58) heiliggesprochen. Fest: 6. Mai.

Text S. 122: Teresio Bosco: Dominikus Savio. Aus dem Ital. übertr. von P. A. Nosko SDB und Sr. J. Schepping FMA, bearb. und mit einer Einf. vers. von P. A. Birklbauer SDB. Wien: Don Bosco Verlag, 1988. S. 20.

Text S. 152: Ebd. S. 28.

ELISABETH VON SCHÖNAU

Um 1129 geboren, sie starb am 18. Juni 1164 im Benediktinerinnenkloster Schönau (Hessen). Ihre Visionen, der *Liber viarum Dei* (Buch der Wege Gottes), *Liber revelationum de sacro exercitu virginum Coloniensium* (Begründung der Ursula-Legende) und ihr Gebetbuch waren im Mittelalter weit verbreitet. Ein Heiligsprechungsprozeß fand nie statt. Fest: 18. Juni.

Text S. 90: Aus: Elisabeth von Schönau: Liber viarum Dei. Sermo II: De via activorum (Über den Weg der Tätigen).

Text S. 221: Ebd. Sermo III: De via martyrum (Über den Weg der Märtyrer).

Übersetzung von Johanna Lanczkowski.

ELISABETH VON THÜRINGEN

Tochter des Königs Andreas II. von Ungarn, wurde 1207 geboren, sie kam vierjährig auf die Wartburg, wurde 1221 mit Ludwig IV. von Thüringen vermählt (drei Kinder). Elisabeth zeichnete sich schon als junges Mädchen durch tätige Nächstenliebe aus und widmete sich nach Ludwigs Tod (19. September 1227; 6. Kreuzzug; Pest) und ihrer Vertreibung von der Wartburg völlig der Armenpflege, stiftete aus ihrem Wittum ein Hospital in Marburg (1229), pflegte dort Schwerstkranke und starb am 17. November 1231 in Marburg. Gregor IX. (1227–41) sprach sie am 27. Mai 1235 heilig. Fest: 19. November.

Text S. 141: Der sogen. Libellus de dictis quattuor ancillarum S. Elisabeth confectus. Mit Benutzung aller bekannten Handschriften zum ersten Mal vollständig hrsg. und erl. von Dr. Albert Huyskens. Kempten/München: Kösel, 1911. S. 71. Z. 1939–51.

Text S. 194: Ebd. S. 39 f. Z. 1144–61.

Text S. 224: Ebd. S. 46 f. Z. 1261–74.

Übersetzung von Johanna Lanczkowski.

EPHRÄM DER SYRER

305/306 in oder bei Nisibis geboren, wurde vor 338 zum Diakon geweiht, war Lehrer an der christlichen Schule von Nisibis. Als 363 alle Christen aus der Stadt emigrieren mußten (Übergabe an die Perser), ging Ephräm nach Edessa, wo er bis zu seinem Tod am 9. Juni 373 lehrte. Er ist der große Theologe und Dichter der syrischen Kirche. Am 5. Oktober 1920 erhob ihn Benedikt XV. (1914–22) zum Kirchenlehrer. Fest: 18. Juni; im Orient: 28. Januar.

Text S. 37: Des hl. Ephräm des Syrers ausgewählte Schriften. Aus dem Syrischen und Griechischen übers. Mit einer allgem. Einl. von O. Bardenhewer. Bd. 1. Kempten: Kösel, 1919. (Bibliothek der Kirchenväter. Reihe 2. Hrsg. von O. Bardenhewer [u. a.]. Bd. 37.) S. 77 (Rede über die Gottesfurcht und den Jüngsten Tag).

EUDES s. JOHANNES EUDES.

CHARLES DE FOUCAULD

Geboren am 15. September 1858 in Straßburg, war Offizie in der französischen Armee, erfuhr 1886 seine Bekehrung lebte als Trappist in Frankreich und Syrien (1890–96) unc bis 1900 als Eremit in Nazareth. Er ging nach 1901 (Priesterweihe) zu den Stämmen in der Sahara, um ihnen das Evangelium durch Vorleben zu verkünden. Am 1. Dezember 191 wurde er in Tamanrasset von Tuareg erschossen. Der Seligsprechungsprozeß ist im Gang.

Text S. 19: Charles de Foucauld: Briefe an Madame d Bondy. Von La Trappe nach Tamanrasset. München/Zürich Wien: Verlag Neue Stadt, 1976. S. 183 (Brief vom 15. Jun 1914).

Text S. 174: Ebd. S. 116 (Brief vom 22. Januar 1905).

Text S. 200: Ebd. S. 153 f. (Brief vom 1. September 1910).

FRANZISKUS (FRANCISCUS BERNARDONE) VON ASSISI

1181/82 in Assisi geboren, zog er sich seit 1208 auf Grund von Mt. 10,5 ff. von der Welt zurück und gründete den ›Orden der Minderbrüder‹ (später: Franziskaner), der 121C mündlich von Innozenz III. (1198–1216) bestätigt wurde. Franziskus ist Mitbegründer der Klarissen (Franziskanerinnen) und des 3. Ordens, der ›Tertiaren‹. Er starb am 3. Oktober 1226 in Assisi. Am 15. Juli 1228 wurde er von Gregor IX. (1227–41) heiliggesprochen, 1916 von Benedikt XV. (1914–22) zum Patron der katholischen Aktion, 1939 von Pius XII. (1939–58) zum Patron Italiens erhoben. Fest: 4. Oktober.

Text S. 29: Die Schriften des hl. Franziskus von Assisi. Eingel. und übertr. von Ottokar Bonmann OFM. Freiburg i. Br.: Herder, 1940. S. 86 (aus: Mahnung an die Brüder. Nr. 27).

Text S. 104: Die Schriften des hl. Franziskus von Assisi. Einf., Übers. und Erl. von L. Hardick OFM und E. Grau OFM. Werl/Westf.: Dietrich Coelde, 1980. (Franziskanische Quellenstudien. 1.) S. 107 (aus: Ermahnungen. Kap. 18).

Text S. 151: Die Schriften des hl. Franziskus von Assisi. Eingel. und übertr. von Ottokar Bonmann OFM. Freiburg i. Br.: Herder, 1940. S. 131 f. (aus: Der Gesang von der Schwester Sonne. Nr. 8).

Text S. 180: Ebd. S. 132 (aus: Der Gesang von der Schwester Sonne. Nr. 9).

GERTRUD DIE GROSSE VON HELFTA

Am 6. Januar 1256 geboren, starb im Spätjahr 1301/02 im Kloster Helfta. Die größte deutsche Mystikerin (*Legatus divinae pietatis*, Gesandter der göttlichen Liebe; *Exercitia spiritualia*, Geistliche Übungen) und mit Mechthilde von Hackeborn Begründerin der Herz-Jesu-Verehrung wurde nie heiliggesprochen. 1674 wurde die Feier ihres Festes (17. November) dem Benediktinerorden gestattet; es wurde 1734 unter Klemens XII. (1730–40) auf die Gesamtkirche ausgedehnt.

Text S. 69: Gertrud die Große: Gesandter der göttlichen Liebe. Heidelberg: Lambert Schneider, 1989. (Sammlung Weltliteratur. Reihe: Mittellateinische Texte. Hrsg. von Walter Berschin. Ungek. Übers. von Johanna Lanczkowski.) S. 32 (Buch 2, Kap. 11).

Text S. 113: Exercitia spiritualia (Geistliche Übungen) VII.

Text S. 210: Ebd. V.

Übersetzung von Johanna Lanczkowski.

GREGOR DER GROSSE (Gregor I.)

Um 540 in Rom geboren, war 572/573 Stadtpräfekt, wurde 575 Mönch und errichtete aus seinem Vermögen sieben Klöster (u. a. das berühmte Andreas-Kloster in Rom). Er war 579–585/586 päpstlicher Vertreter in Konstantinopel und wurde am 3. September 590 zum Papst gewählt. 596 leitete er die Britannien-Mission ein. Gregor, Diplomat, Seelsorger und Kirchenschriftsteller, war wohl der bedeutendste Papst der Kirchengeschichte. Er starb am 11. März 604 in Rom. Bonifatius VIII. (1294–1303) erhob ihn zum ›egregius doctor ecclesiae‹. Fest: 12. März.

Text S. 133: Aus: Gregor der Große: Regulae Pastoralis. – Übersetzung von Johanna Lanczkowski.

GREGOR VON NAZIANZ

325/330 in Arianz bei Nazianz geboren, war Schüler Didymus des Blinden (gest. 398) und Athanasius des Großen (gest. 373) in Alexandria und Freund Basilius des Großen (gest. 379); Gregor starb 390 in Arianz. Er wirkte als Priester, vor allem als Redner und theologischer Schriftsteller; er gehört zu den bedeutendsten Theologen der Alten Kirche. Fest: 9. Mai; im Orient: 19. und 25. Januar.

Text S. 31 f.: Des hl. Bischofs Gregor von Nazianz Reden. Aus dem Griech. übers. und mit Einl. und Anm. vers. von Ph. Haeuser. Bd. 1 (Rede 1–20). München: Kösel, 1928. (Bibliothek der Kirchenväter. Reihe 2. Hrsg. von O. Bardenhewer [u. a.]. Bd. 59.) S. 346 f. (aus Rede 27: An die geängstigten Einwohner von Nazianz und an den zürnenden Statthalter [gehalten Ende 373 in Nazianz]).

GREGOR VON NYSSA

Um 334 in Caesarea in Kappadokien geboren; sein Leben und seine Ausbildung waren durch seinen älteren Bruder Basilius den Großen geprägt. Gregors im Grunde mystische Theologie – die Seele ist der Spiegel der Vollkommenheit Gottes – wirkte auf die Mystik des Mittelalters. Gregor war wie sein Bruder und sein Freund Gregor von Nazianz ein großer Redner. Er starb 394. Fest: 9. März.

Text S. 54f.: Des hl. Bischofs Gregor von Nyssa ausgewählte Schriften. Aus dem Griech. übers. von K. Weiß. München: Kösel, 1927. (Bibliothek der Kirchenväter. Reihe 2. Hrsg. von O. Bardenhewer [u. a.]. Bd. 56.) S. 125 f. (aus: Über das Gebet des Herrn. 4. Rede).

HEDWIG (HERZOGIN) VON SCHLESIEN

Um 1174 als Gräfin Andechs geboren (Tante der hl. Elisabeth), war verheiratet mit Herzog Heinrich I. von Schlesien (sieben Kinder). Sie förderte entscheidend die religiöse und kulturelle Entwicklung im Land. Sie starb am 15. Oktober 1243 und wurde in ihrer Stiftung Kloster Trebnitz beigesetzt. Klemens IV. (1265–68) sprach sie am 26. März 1267 heilig. Fest: 16. Oktober.

Text S. 39: Acta Sanctorum. Octobris. Bd. 8. Brüssel 1853. S. 229 (Ausspruch Hedwigs beim Tod ihres Mannes Herzog Heinrich, 1238). – Übersetzung von Johanna Lanczkowski.

Text S. 85: Das Leben der hl. Hedwig. Die legenda maior de beata Hedwigi. Ins Deutsche übers., mit einer Einl. vers. und Anm. von Konrad und Franz Metzger, Breslau: O. Borgmeyer, 1927. S. 60. (Ausspruch Hedwigs beim Tod ihres einzigen Sohnes in der Mongolenschlacht von Liegnitz 1242).

HIERONYMUS (Sophronius Eusebius Hieronymus)

347/348 in Stridon geboren, kam jung nach Rom und erwarb sich in seinem wechselvollen Leben (Gallien, Aquileia, Konstantinopel, Alexandria, Bethlehem) reiche Bildung. Er gilt als der gelehrteste der lateinischen Kirchenväter (Latein, Griechisch, Hebräisch); die Schaffung der Vulgata ist sein bleibendes Verdienst. Er starb am 29. September 420. Seit dem 8. Jh. gilt er als Kirchenlehrer. Fest: 30. September.

Text S. 212: Des hl. Kirchenvaters Eusebius Hieronymus ausgewählte Briefe. Aus dem Lat. übers. von L. Schade. 1. Briefband. München: Kösel, 1936. (Bibliothek der Kirchenväter. Reihe 2. Hrsg. von O. Bardenhewer [u. a.]. Bd. 16.) S. 55 f. (aus dem Brief an Castricianus, Ende 397).

HILDEGARD VON BINGEN

1098 in Bermersheim in der Pfalz geboren, sie starb am 17. September 1179 in dem von ihr gegründeten Benediktinerinnenkloster auf dem Rupertsberg bei Bingen. Hildegard ist eine der bedeutendsten Frauen des Mittelalters (Theologin, Ärztin, Naturwissenschaftlerin). Die ›prophetissa teutonica‹ genoß hohes Ansehen. Ihr Heiligsprechungsprozeß wurde nie zu Ende geführt. Fest: 17. September.

Text S. 98: Hildegard von Bingen: Briefwechsel. Nach den ältesten Handschriften übers. und nach den Quellen erl. von Adelgundis Führkötter OSB. Salzburg: Otto Müller, 1965. S. 71 (in einem Brief an Bischof Eberhard II. von Bamberg [1146–70], geschrieben nach 1163).

Text S. 150: Ebd. S. 181 (in einem Brief an einen unbekannten Abt; Zeit der Abfassung: nach 1160 und vor 1170/71).

Text S. 182: Ebd. S. 122 (Brief an die Mönche von Eberbach, nach 1166).

IGNATIUS VON ANTIOCHIA

Geburtsjahr unbekannt; er war Bischof von Antiochia und wurde unter Trajan (98–117) wegen seines Glaubens zum Tode verurteilt und mit anderen Christen nach Rom gebracht, wo sie wilden Tieren zum Fraß vorgeworfen wurden. Ignatius starb um 110. Fest: 1. Februar.

Text S. 101: Brief des Ignatius an die Epheser. Kap. 15,2c; 3. – Übersetzung von Johanna Lanczkowski.

IGNATIUS VON LOYOLA (Iñigo López de Loyola)

Geboren 1491 auf Schloß Loyola im Baskenland, als Offizier 1521 verwundet, erlebte 1522/23 seine Bekehrung, pilgerte 1523/24 ins Heilige Land und entschloß sich, ›Soldat und Ritter Christi‹ zu werden. Er sammelte in Paris (Studium, 1528–35) Gleichgesinnte um sich und ging mit diesen nach Rom (1537). Paul III. (1534–49) bestätigte den neuen Orden am 27. September 1540. Ignatius starb am 31. Juli 1556 in Rom. Gregor XV. (1621–23) sprach ihn am 12. März 1622 heilig; Pius XI. (1922–39) erhob ihn 1922 zum Patron aller Exerzitien. Fest: 31. Juli.

Text S. 74: Ignatius von Loyola: Geistliche Briefe. Eingef. von Hugo Rahner. Einsiedeln/Zürich/Köln: Johannes Verlag, 1956. S. 82 (Brief an Sr. Teresa Rejadella, Benediktinerin im Kloster der Hl. Klara in Barcelona, vom 18. Juni 1536).

Text S. 93: Ebd. S. 112 (aus den Anweisungen an die Scholastiker in Alcalá; vermutlich 1541).

Text S. 126: Ignatius von Loyola: Geistliche Übungen. Übertr. und Erkl. von Adolf Haas. Freiburg i. Br.: Herder, 1967. S. 23 (Geistliche Übung 20, Anweisung).

Text S. 148: Ebd. S. 106.

Text S. 179: Ebd. S. 234 (Übung der vierten Woche: Betrachtung zur Erlangung der Liebe).

Text S. 219: Ebd. S. 13.

JOHANNA VON ORLÉANS
(Jeanne d'Arc; Selbstbenennung: Jeanne la Pucelle)

Um 1412 in Domremy (Maas) geboren, wurde dreizehnjährig durch ›Stimmen‹ veranlaßt, Orléans von den Engländern zu befreien und den Dauphin zur Krönung nach Reims zu führen. Nach der Krönung (17. Juli 1429) wurde sie 1430 gefangengenommen, den Engländern ausgeliefert und nach langem Prozeß am 30. Mai 1431 exkommuniziert und als Ketzerin verbrannt. 1449 erfolgte durch Karl VII. (1422–61) Revision des Prozesses, am 7. Juli 1456 Annullierung des Urteils. Am 16. Mai 1920 sprach Benedikt XV. (1914–22) Johanna heilig. Fest der französischen Nationalheldin: 30. Mai.

Text S. 50: Menschen der Kirche in Zeugnis und Urkunde. Hrsg. von Hans Urs von Balthasar. Bd. 4: Jeanne d'Arc. Die Akten der Verurteilung. Übertr. und eingel. von Josef Bütler. Einsiedeln/Köln: Johannes Verlag, 1943. S. 136 (Antwort Johannas im 7. Kreuzverhör am 14. März 1431 in der Gefängniszelle).

Text S. 155: Ebd. S. 194 (Antwort Johanna im Nachverhör am 31. März 1431 in ihrer Kerkerzelle in Rouen).

Text S. 216: Ebd. S. 75 (Antwort Johannas in der dritten öffentlichen Sitzung in ihrem Prozeß am 24. Februar 1431).

JOHANNES CASSIANUS (Kassian)

Geboren um 360 in der Scythia minor (Dobrudscha), war Mönch in Bethlehem, danach rund 15 Jahre in der Sketischen und Nitrischen Wüste, kam nach Konstantinopel und 404/405 als Verteidiger des Johannes Chrysostomos (bei Innozenz I., 401–417) nach Rom. Er ging nach Südfrankreich und gründete bei Marseille ein Männerkloster (St. Viktor) und ein Frauenkloster. Er starb als Abt von St.

Viktor 432/435 und wird in und um Marseille als Heiliger verehrt. Fest: 23. Juli.

Text S. 70f.: Johannes Cassianus: Collatio 23. – Übersetzung von Johanna Lanczkowski.

JOHANNES CHRYSOSTOMOS

Zwischen 344 und 354 in Antiochia geboren, war Mönch und wirkte bis 397 in Antiochia als berühmter Redner (daher: Goldmund). Er wurde 397 Patriarch von Konstantinopel; infolge theologischer Streitigkeiten von seinen Feinden entführt und 403 verbannt, starb er am 14. September 407 in Komana auf dem Weg in eine strengere Verbannung. Pius X. (1903–14) erhob ihn zum Patron aller christlichen Prediger. Fest: 27. Januar.

Text S. 162: Des hl. Kirchenlehrers Johannes Chrysostomus, Erzbischof von Konstantinopel, Kommentar zum Evangelium des hl. Matthäus. Aus dem Griech. übers. von J. Chr. Baur OSB. Bd. 2. Kempten/München: Kösel, 1916. (Bibliothek der Kirchenväter. Reihe 2. Hrsg. von O. Bardenhewer [u. a.]. Bd. 23.) S. 20f. (aus der 19. Homilie).

JOHANNES (JEAN) EUDES

Am 14. November 1601 in Ri (Normandie) geboren, war Oratorianer und Priester (seit 1623/25) in Paris. Als Volksmissionar, Gründer der ›Congrégation de Jésus et Marie‹ (CJM, ›Eudisten‹, gegr. 1643) sowie der ›Religieuses de Notre Dame de Charité du Refugé (gegr. 1644) und Wiederentdecker der Herz-Jesu-Verehrung gehört er zu den großen religiösen Erneuerern. Er starb am 19. August 1680 in Caen. Pius XI. (1922–39) sprach ihn 1925 heilig. Fest: 19. August.

Text S. 134: Œuvres completes du bienheureux Jean Eudes. Ed. par Ch. Le Brun / Ch. Dauphin. Paris: G. Beauchesne, 1905–09. Bd. 10. S. 513. – Übersetzung von Johanna Lanczkowski.

JOHANNES VOM KREUZ (Juan de Yepes; Juan de la Cruz)

Am 24. Juni 1542 in Fontivera geboren, wurde 1563 Karmelit. Er war Beichtvater Theresias von Avila und geriet in die Auseinandersetzungen um die Reform des Karmelitenordens; in Toledo eingekerkert, floh nach S. Calvario. Seit 1588 war er Prior in Segovia und starb am 14. Dezember 1591 unter entwürdigenden Umständen in Ubeda. Er wurde am 26. Dezember 1726 von Benedikt XIII. (1724–30) heiliggesprochen, von Pius XI. (1922–39) am 24. August 1926 zum Kirchenlehrer (›Lehrer der Heiligkeit und Frömmigkeit‹) ernannt und am 21. März 1952 zum Patron der spanischen Dichter erhoben. Fest: 24. November.

Text S. 172: Erika Lorenz: Ins Dunkel geschrieben. Johannes vom Kreuz – Briefe geistlicher Führung. Freiburg i. Br.: Herder, 1987. (Herderbücherei. Bd. 1505.) S. 124 (Brief an eine Karmelitin, geschrieben wahrscheinlich vor Pfingsten 1590, Ort unbekannt).

Text S. 191: Johannes vom Kreuz: Aufstieg zum Berge Karmel (II. Buch). Hrsg. von Friedrich Wessely. Wien: Kommissions-Verlag Mayer u. Comp., 1953. S. 54 f.

Text S. 205: Erika Lorenz: Ins Dunkel geschrieben. Johannes vom Kreuz – Briefe geistlicher Führung. S. 108 (Brief an Dona Juana de Pedraza in Granada, geschrieben aus Segovia am 12. Oktober 1589).

Text S. 214: Ebd. S. 60 (Brief an die Unbeschuhten Karmelitinnen in Beas, geschrieben in Malaga am 18. November 1586).

Text S. 223: Johannes vom Kreuz: Aufstieg zum Berge Karmel (I). S. 50 f.

Text S. 225: Ebd. S. 50.

JOHANNES VON DAMASKUS (Johannes Damascenus)

Geboren um 650 in Damaskus, legte aus Glaubensgründen sein Ministeramt beim Kalifen nieder, wurde vor 700 Mönch in Jerusalem und griff wiederholt in den Bilderstreit ein. Er starb 749/750 (sicher vor 754) und wurde 787 postum auf dem 7. Konzil von Nizäa als Verteidiger der heiligen Bilder gerühmt. Am 18. September 1890 erhob ihn Leo XIII. (1878–1903) zum Kirchenlehrer und Patron der Theologen der Ostkirche. Fest: 27. März.

Text S. 20: Des hl. Johannes von Damaskus Genaue Darlegung des orthodoxen Glaubens. Übers. von D. Stiefenhofer. Kempten/München: Kösel, 1923. (Bibliothek der Kirchenväter. Reihe 2. Hrsg. von O. Bardenhewer [u. a.]. Bd. 44.) S. 180 (Buch 3. Kap. 24,5).

Text S. 124: Ebd. S. 107 f. (Buch 2. Kap. 29).

Text S. 157: Ebd. S. 106.

Text S. 218: Ebd. S. 204.

JOHANNES VON GOTT

Am 8. März 1495 in Monté-mor o Novo (Portugal) geboren, wurde als Kind entführt (daher ›von Gott‹ = ohne Familie), war Hirte, Soldat, Handlanger und Buchhändler, gründete 1540 in Granada ein Krankenhaus. Er ist der Reformator der Krankenpflege und Stifter des Hospitalordens (in Deutschland: Barmherzige Brüder). Johannes starb am 8. März 1550 in Granada. Er wurde am 16. Oktober 1690 von Alexander VIII. (1689–91) heiliggesprochen und 1886 von Leo XIII.

(1878–1903) zum Patron der Kranken und Krankenpfleger erhoben. Fest: 8. März.

Text S. 40: Fr. Luciano del Pozo: Leben des hl. Johannes von Gott. Mit einem Vorw. von Ramón Albó, übers. von Wilhelm Frank. Paderborn: Bonifacius-Druckerei, 1912. S. 125 (Brief an einen jungen Mann [Luis Bautista]).

JOSEPH VON COPERTINO (Joseph Desa)

Am 17. Juni 1603 in Copertino geboren; er galt als sehr schwach begabt und erlangte nur mit Mühe Aufnahme bei den Franziskaner-Conventualen in Grotella (1626) und die Priesterweihe (1628). Seine Ekstasen und mystischen Eingebungen hatten zur Folge, daß er 1639 nach Assisi und danach in andere entlegene Klöster der Mark Ancona ›versetzt‹ wurde. Er starb am 18. September 1663 in Osimo. Am 16. Juli 1767 wurde er von Klemens XIII. (1758–69) heiliggesprochen. Fest: 18. September.

Text S. 68: Das tugend- und wundervolle Leben des hl. Joseph von Copertino Bekenners und Priesters des seraphischen Ordens der Minderbrüder-Conventualen von einem katholischen Priester [Angelo Pastrovicchi]. Aachen 1843. S. 64.

Text S. 84: Ebd. S. 88.

KATHARINA (CATERINA) BENINCASA VON SIENA

1347 in Siena geboren, trat 1362/64 in den Dritten Orden des hl. Dominikus ein, widmete sich der Krankenpflege und Betreuung der Armen, setzte sich für kirchliche Reformen ein. Katharina vermittelte im Streit zwischen Papst Gregor XI. (1370–78) und den italienischen Republiken und bemühte sich um Überwindung der Kirchenspaltung (abendländisches Schisma 1378). Sie starb am 29. April 1380 in Rom. Am 29. Juni 1461 wurde sie von Pius II. (1458–64) heiliggesprochen; Paul VI. (1963–78) erhob sie 1970 zur Kirchenlehrerin. Fest: 30. April.

Text S. 42: Caterina von Siena. Hrsg., eingel. und übers. von Louise Gnädinger. Olten / Freiburg i. Br.: Walter, 1980. S. 257 (aus dem Gebet »Lob der Trinität«). – © Walter-Verlag, Olten.

Text S. 117: Ebd. S. 171 (aus einem Brief an die Dominikanerin Sr. Daniela von Orvieto; ohne Datum).

KLARA VON ASSISI (Clara degli Offreducci)

1193/94 in Assisi geboren, durch Franziskus von Assisi für dessen Ideal der radikalen evangelischen Armut gewonnen, verließ am 18./19. März 1212 das Elternhaus und wurde von Franziskus als erste ›Franziskaner-Nonne‹ eingekleidet. Sie und die sich bald um sie sammelnden Schwestern lebten unbeirrt das Armuts- und Demutsideal, das Klara in ihrer Ordensregel (1247) festschrieb. Sie starb am 11. August 1253 in S. Damiano (bei Assisi) und wurde von Alexander IV. (1254–61) am 15. August 1255 heiliggesprochen. Fest: 11. August.

Text S. 52: Leben und Schriften der heiligen Klara. Einf., Übers. und Anm. von Engelbert Grau OFM. Erl. von Lothar Hardick OFM. Werl i. Westf.: Dietrich Coelde, 1980. 5., verb. Aufl. (Franziskanische Quellenschriften. 2.) S. 127 f. (Brief an Ermentrudis von Brügge).

Text S. 207: Ebd. S. 123 (dritter Brief an Agnes von Prag; geschrieben nach 1230).

KLEMENS VON ALEXANDRIA (Titus Flavius)

140/150 in Athen (?) als Heide geboren, lebte nach weiten Reisen als Christ in Alexandria, lehrte an der Katechetenschule. Während der Christenverfolgung unter Septimus Severus (202) floh er nach Kappadokien, wo er 215 starb. Klemens war der erste christliche Gelehrte.

Text S. 34: Des Clemens von Alexandria Teppiche Wissenschaftlicher Darlegung entsprechend der wahren Philosophie (Stromateis). Buch IV–VI. Aus dem Griech. übers. von Otto Stählin. München: Kösel, 1937. (Bibliothek der Kirchenväter. Reihe 2. Hrsg. von J. Zellinger und J. Martin. Bd. 19.) S. 118 (Buch V,2,1).

Text S. 100: Des Clemens von Alexandria Teppiche Wissenschaftlicher Darlegung entsprechend der wahren Philosophie (Stromateis). Buch I–III. Aus dem Griech. übers. von Otto Stählin. München: Kösel, 1936. (Bibliothek der Kirchenväter. Reihe 2. Hrsg. von J. Zellinger und J. Martin. Bd. 17.) S. 238 (Buch II,123,1).

Text S. 160: Des Clemens von Alexandria Mahnrede an die Heiden. Der Erzieher. Aus dem Griech. übers. von Otto Stählin. München: Kösel, 1934. (Bibliothek der Kirchenväter. Reihe 2. Hrsg. von J. Zellinger und J. Martin. Bd. 7.) S. 282 f. (Buch I,88,1–3).

MAXIMILIAN KOLBE

Am 7. Januar 1894 in Zdunska-Wola in Polen geboren, wurde 1911 Franziskaner. 1917 gründete er während seines Studiums in Rom die ›Militia Immaculatae‹, 1922 in Krakau ein Zentrum der ›Militia‹ mit Druckerei und Verlag und 1930 eine Filiale bei Nagasaki. Er kehrte 1936 nach Polen zurück, wurde 1941 verhaftet und nahm in Auschwitz freiwillig für einen zum Tode Verurteilten die Todesstrafe auf sich (14. August 1941). Am 10. Oktober 1982 erfolgte die Heiligsprechung durch Johannes Paul II. Fest: 14. August.

Text S. 77: Maximilian Kolbe. Der Märtyrer von Auschwitz. Mit einem Essay von Walter Nigg. Freiburg/Basel/Wien: Herder, 1980. S. 31 f.

Text S. 110: Ebd. S. 52.

Text S. 170: Ebd. S. 55 (Faksimile der letzten Karte an seine Mutter).

LAURA DEL CARMEN VICUÑA

Am 5. April 1891 in Santiago (Chile) geboren, legte, durch die Erziehung von Don-Bosco-Schwestern geprägt, 1902 privat die Ordensgelübde ab. Als sie am 22. Januar 1904 in Junin de los Andes starb, offenbarte sie, daß sie Gott ihr Leben als Opfer angeboten hatte, ihre Mutter aus einer ›wilden Ehe‹ zu lösen. Am 3. September 1988 wurde sie von Johannes Paul II. seliggesprochen. Gedenktag: 22. Januar.

Text S. 58: Johanna Schepping: Laura – das Mädchen aus den Anden. Innsbruck/Wien: Verlagsanstalt Tyrolia, [4]1988. S. 37 f. (Lauras privates Kommunionsgelübde vom 2. Juni 1901).

ALFONS VON LIGUORI (Alfons Maria di Liguori)

Am 27. Juni 1696 in Marianella bei Neapel geboren, war Jurist, wurde 1726 Priester, gründete 1731 den Orden der Redemptoristen (CSSR). Er wirkte 30 Jahre als Volksmissionar und von 1762 bis 1775 als Bischof von Sant'Agata di Goti. Er starb am 1. August 1787 in Pagani bei Neapel. 1839 wurde er von Gregor XVI. (1831–46) heiliggesprochen, 1871 von Pius IX. (1846–78) zum Kirchenlehrer (Doctor zelantissimus) und 1950 von Pius XII. (1939–58) zum Patron der Moraltheologen und Beichtväter erhoben. Fest: 2. August.

Text S. 61: Briefe des hl. Kirchenlehrers Alfons Maria von Liguori, Stifter der Kongregation vom Allerheiligsten Erlöser. Aus dem Ital. von mehreren Patres derselben Kongregation. Regensburg 1893. Bd. 1. S. 243/270 (Briefe an Mutter Maria von Jesu, Priorin der Unbeschuhten Karmelitinnen vom 27. Januar 1752 und vom 28. März 1753).

Text S. 111: Alfons von Liguori: Vertrauliche Zwiesprache mit Gott. Gebete. Hrsg. von Bernhard Häring. München/Zürich/Wien: Verlag Neue Stadt, 1989. S. 31 f.

Text S. 135: Briefe des hl. Kirchenlehrers Alfons Maria von Liguori, Stifter der Kongregation des Allerheiligsten Erlösers. Bd. 2. S. 788 (Brief vom 15. Mai 1782 an Sr. Brianna Carafa im Kloster S. Marcellina zu Neapel).

Text S. 146: Ebd. Bd. 1. S. 69 und 314 (aus Briefen an die Sr. Maria Johanna vom Kreuz).

Text S. 202 f.: Alfons von Liguori: Vertrauliche Zwiesprache mit Gott. Gebete. S. 15 f.

RUPERT MAYER

Am 23. Januar 1876 in Stuttgart geboren, war seit 1899 Priester, seit 1900 Jesuit und nach volksmissionarischer Arbeit seit 1912 Seelsorger in München. Er war vom 1. August 1914 bis zu einer schweren Verwundung (Verlust eines Beines) Divisionspfarrer und ab 1917 wieder Pfarrer in München. Seit 1936 im Konflikt mit dem Nationalsozialismus (›Verwarnung‹, ›Redeverbot‹, dreimalige Verhaftung, u. a. KZ Sachsenhausen, ›Hausarrest‹); kehrte 1945 nach München zurück, wo er am 1. November 1945 während eines Gottesdienstes in St. Michael starb. Am 3. Mai 1987 sprach ihn Johannes Paul II. selig. Gedenktag: 1. November.

Text S. 28: Rupert Mayer: Mein Kreuz will ich tragen. Texte des Predigers von St. Michael. Ostfildern: Schwabenverlag, 1978. S. 57 f. – © Schwabenverlag, Ostfildern 1978.

Text S. 79: Ebd. S. 71.

Text S. 108: Ebd. S. 70.

Text S. 169: Ebd. S. 15 f.

MECHTHILD VON MAGDEBURG

Um 1207/10 im Raum Magdeburg geboren, verließ um 1230 ihre Familie, ging nach Magdeburg und lebte dort rund 40 Jahre als Begine in Armut unter geistiger Führung der Dominikaner. Heinrich von Halle OP half ihr bei der Niederschrift des *Fließenden Lichtes der Gottheit*, das sie, seit 1270 im Kloster Helfta lebend, dort vollendete. Sie starb 1281/82 in Helfta. Mechthild ist eine der großen drei deutschen Mystikerinnen.

Text S. 159: Mechthild von Magdeburg: Das fließende Licht der Gottheit (Buch 1. Kap. 26).

Text S. 190: Ebd. (Buch 2. Kap. 10).

Übersetzung von Johanna Lanczkowski.

MECHTHILDE VON HACKEBORN

1241/42 geboren, sie starb am 19. November 1299 im Kloster Helfta. Sie gehört mit Gertrud der Großen und Mechthild von Magdeburg zu den größten deutschen Mystikerinnen; sie und Gertrud sind die Begründerinnen der Herz-Jesu-Verehrung. Ein Heiligsprechungsprozeß fand nie statt. Fest: 19. November.

Text S. 66: Mechthilde von Hackeborn: Liber specialis gratiae (Buch der besonderen Gnade. Tl. 3. Kap. 41.

Text S. 92: Ebd. Tl. 4. Kap. 7.

Text S. 181: Ebd. Tl. 2. Kap. 2.

Übersetzung von Johanna Lanczkowski.

THOMAS MORUS (Sir Thomas More)

Geboren am 7. Februar 1478 in London, Jurist und humanistischer Schriftsteller, war unter Heinrich VIII. (1509–47) Lordkanzler (1529). Er widersetzte sich den Plänen des Königs, sich zum Haupt der Kirche von England zu machen, legte daher sein Amt nieder, verweigerte den Suprematseid (Herbst 1534), wurde im Tower eingekerkert und am 6. Juli 1535 enthauptet. Pius XI. (1922–39) sprach ihn am 19. Mai 1935 heilig. Fest: 6. Juli.

Text S. 36: Thomas Morus: Lebenszeugnis in Briefen. Heidelberg: Lambert Schneider, ²1984. S. 157 (Brief an seine Lieblingstochter Margret Roper, geschrieben im Tower 1534).

Text S. 96: Ebd. S. 155 (Brief aus dem Tower an Margret Roper, 1534).

Text S. 120: Ebd. S. 155 (Brief aus dem Tower an Margret Roper, 1534).

Text S. 164: Ebd. S. 181 (Brief aus dem Tower an Margret Roper, geschrieben am 3. Juni 1535, drei Tage vor seiner Hinrichtung).

Text S. 187: Ebd. S. 86 (Brief vom 3. September 1529 an seine Frau, Lady Alice More).

ADALBERT VON NEIPPERG (Karl Graf Neipperg)

Am 31. März 1890 in Meran geboren, wurde 1911 Benediktiner, (Ordensname: Adalbert); er war von 1929 bis 1934 Abt der Benediktinerabtei Neuburg bei Heidelberg. Im

Verlauf seiner Seelsorgertätigkeit in Seckau, Bertholdstein u. a. geriet er im Mai 1945 in jugoslawische Gefangenschaft (in wechselnden Lagern). Da er sich weigerte, seine Kameraden im Elend zu verlassen (man wollte ihn entlassen), wurde er am 23. Dezember 1948 in Werschetz grausam ermordet. Am 9. Juni 1990 Beisetzung der Gebeine in der Abtei Neuburg. Seligsprechung eingeleitet.

Text S. 17: Wort in die Zeit. Zeitschrift der Abtei Neuburg. Nr. 120. (Sondernummer: Abt Adalbert v. Neipperg. Dokumentation. P. Dr. Leo Eizenhöfer.) 1978. S. 24 f. (Brief vom 8. April 1943).

Text S. 49: Ebd. S. 61 (Ausspruch Abt Adalberts vor Leidensgenossen). – Mit freundlicher Genehmigung des derzeitigen Abtes von Neuburg, Franziskus Heereman von Zuydtwyck OSB.

Text S. 140: Adalbert von Neipperg OSB: Benedikt – Lehrmeister christlichen Lebens. Freiburg i. Br.: Herder, 1938. S. 12.

PHILIPP (FILIPPO) NERI

Am 21. Juli 1515 in Florenz geboren, gründete 1548 in Rom die ›Bruderschaft der hl. Trinität‹ zur Betreuung von Rom-Pilgern und nach 1551 das ›Oratorium‹, eine Vereinigung von Weltgeistlichen; er wurde durch seine unkonventionelle Art zum moralischen Erneuerer (›Apostel Roms‹). Von Päpsten (Gregor XIV., Clemens VIII., Leo XI.) und Freunden (Ignatius von Loyola, Franz von Sales) hochverehrt, lehnte er die Kardinalswürde ab, verbrannte vor seinem Tod alle seine Schriften und starb am 26. Mai 1595 in Rom. Am 12. April 1622 wurde er von Gregor XV. (1621–23) heiliggesprochen. Fest: 26. Mai.

Text S. 30: Brigitta zu Münster: Der hl. Philipp Neri. Der Apostel von Rom 1515–1595. Freiburg i. Br.: Herder, ²1953. S. 197.

Text S. 56: Ebd. S. 192.

Text S. 125: Ebd. S. 197.

JOHN HENRY NEWMAN

Am 21. Februar 1801 in London geboren, war anglikanischer Geistlicher, konvertierte 1845 zur katholischen Kirche, wurde in Rom zum Priester geweiht; 1879 erhob ihn Leo XIII. (1878–1903) zum Kardinal. Newman, um die Verbreitung tiefer Religiosität bemüht, starb am 11. August 1890 in Birmingham. Unter Pius XII. (1939–58) wurde seine Seligsprechung eingeleitet.

Text S. 59: John Henry Newman: Betrachtungen und Gebete. Aus dem Engl. von Maria Knoepfler. München: Kösel, 1952. S. 51 f.

Text S. 116: Ebd. S. 157.

Text S. 175: Ebd. S. 42.

NIKOLAUS VON FLÜE

1417 in Flüeli (Kanton Obwalden) geboren, war Bauer, verheiratet (zehn Kinder) und, obwohl des Lesens und Schreibens unkundig, Ratsherr und ›Rottmeister‹. Er lebte seit dem 16. Oktober 1467 mit Zustimmung seiner Familie als Eremit (›Bruder Klaus‹) und wirkte als Seelsorger, Ratgeber und Friedensstifter. Er starb am 21. März 1487 im Ranft. Kaiser Maximilian (1493–1519) betrieb die Heiligsprechung; durch Klemens IX. (1667–69) wurde Bruder Klaus 1669 selig-, durch Pius XII. (1939–58) 1947 heiliggesprochen. Fest: 21. März; in der Schweiz: 25. September.

Text S. 147: Wilhelm Oehl (Hrsg.): Deutsche Mystikerbriefe des Mittelalters. 1100–1550. München: Langen-Müller, 1931. S. 629 (Brief an die Regierung in Bern).

Text S. 195: Ebd. S. 629.

ORIGENES

Der größte Theologe der Alten Kirche, einer der größten Theologen überhaupt, wurde um 185 geboren; er starb 253/254 in Tyros an den Folgen der in der Decischen Christenverfolgung erlittenen Folter. Er war der Leiter der Katechetenschule in Alexandria und ist der Verfasser der ersten christlichen Glaubenslehre (Dogmatik) sowie zahlreicher weitreichender theologischer Werke; von seinen rund 2000 Schriften sind nur wenige erhalten.

Text S. 23: Aus: Origenes: Spicilegio Solesmensi parata.

Text S. 63: Origenes: Peri archon (De principiis) II,2,4.

Text S. 67: Origenes: Psalmenkommentar (zu Ps. 83,19).

Text S. 156: Origenes: Jeremias-Homilie (zu Jer. 7).

Text S. 177: Origenes: Psalmenkommentar (zu Ps. 22).

Text S. 201: Ebd. (zu Ps. 119,151).

Übersetzung von Johanna Lanczkowski.

PAULUS

Um 10 n. Chr. in Tarsos (Kilikien) als hellenistischer Jude (Saulus) geboren; er kam nach dem Tod Jesu nach Jerusalem und war als strenger Jude christenfeindlich. Paulus wurde durch eine Christus-Vision bekehrt und zum berühmtesten und wirkungsmächtigsten aller christlichen Missionare; er starb während der Christenverfolgung unter Nero 60 oder 61 oder 66/67 den Märtyrertod. Fest: 29. Juni.

Text S. 47: 1 Kor. 10,13. – Übersetzung von Johanna Lanczkowski.

PETRUS

Geburtsjahr unbekannt. Er war Fischer und der Sohn eines Fischers Jonas aus Bethsaida; sein Geburtsname war Sim(e)on. Petrus wurde (Mk. 1,16 ff.) von Jesus berufen; er war in der Jerusalemer Urgemeinde der Anführer der Apostel und nahm am Apostelkonzil (48/49/50) teil. Sein Todesjahr ist unsicher (wohl 64/65/68). Joh. 21,18 ff. läßt auf den Märtyrertod Petri schließen. Fest: 29. Juni.

Text S. 139: Aus: Martyrium beati Petri apostoli a Lino episcopo conscriptum (Trostworte des gekreuzigten Petrus).

Text S. 199: Ebd. (aus dem Dankgebet des sterbenden Petrus).

Übersetzung von Johanna Lanczkowski.

PIUS V. (Antonio Ghislieri)

Am 17. Januar 1504 in Bosco bei Alessandria geboren, wurde 1518 Dominikaner (Ordensname: Michele). Seit 1528 Priester, war er Ordenslektor in Pavia, Provinzial und Inquisitor für Como und Bergamo, wurde 1556 Bischof von Sutri und Nepi, seit 1557 Kardinal und seit 1558 Generalinquisitor. Am 7. Januar 1566 bestieg er die Kathedra Petri. Er starb am 1. Mai 1572. Am 22. Mai 1712 sprach Klemens XI. (1700–21) ihn heilig. Fest: 5. Mai.

Text S. 102: Der Briefwechsel des Kaisers Maximilian II. mit Papst Pius V. Gesammelt und hrsg. von W. E. Schwarz.

Paderborn: Bonifacius-Druckerei, 1889. S. 1 (Brief vom 9. Januar 1566 an Maximilian II.). – Übersetzung von Johanna Lanczkowski.

PIUS X. (Giuseppe Sarto)

Am 2. Juni 1835 in Riese geboren, wurde 1858 Priester, 1884 Bischof von Mantua, 1893 Patriarch von Venedig und Kardinal; er bestieg am 4. August 1903 die Kathedra Petri. Sein Bestreben: Vertiefung des religiösen Lebens bei Klerus und Laien. Er starb am 20. August 1914 in Rom. Am 29. Mai 1954 sprach Pius XII. (1939–58) ihn heilig. Fest: 3. September.

Text S. 64: Briefe des heiligen Pius X. Hrsg. von Nello Vian. Freiburg (Schw.): Paulusverlag, 1960. S. 114 f. (Brief vom 14. Oktober 1886, geschrieben als Bischof von Mantua, an Emilia Falavigna im Kloster der Heimsuchung in Verona).

Text S. 123: Ebd. S. 181 f. (Brief vom 7. Juni 1898, geschrieben als Patriarch von Venedig an den Grafen Giovanni Battista Paganuzzi in Venedig).

RAIMUNDUS LULLUS (Raimund Lull; Lul; Llull)

1232/33 in Palma de Mallorca geboren, war am Hof König Jakobs. I. u. a. Prinzenerzieher; er war standesgemäß verheiratet. Seit seiner Bekehrung (1263) lebte er der Bekehrung von Juden und Mohammedanern (Missionsreisen nach Nordafrika, Zypern, Sizilien u. a.). Auf der letzten Missionsreise in Tunis gesteinigt, starb er auf der Überfahrt nach Spanien um den 25. März 1316. Leo X. (1513–21) sprach ihn selig. Gedenktag: 3. Juli.

Text S. 121: Raimundus Lullus: Das Buch vom Liebenden und vom Geliebten. Eine mystische Spruchsammlung. Aus dem Altkatalanischen übers. und hrsg. von L. Klaiber. Köln: Jakob Hegner, 1967. S. 61 f.

Text S. 211: Ebd. S. 134.

JAN (JOHANNES) VAN RUYSBROECK
(Ruisbroek; Ruusbroec; Ruusbrochius)

Geboren 1293/94 in Ruysbroek bei Brüssel, seit 1318 Weltpriester, begann als Sechzigjähriger mit Freunden in Groenendael nahe Brüssel ein beschauliches Leben als Regulierter Augustiner-Chorherr. Er starb am 2. Dezember 1381 in Groenendael. Sein Kanonisierungsprozeß zog sich 300 Jahre hin; Pius X. (1903–14) bestätigte die Verehrung Ruysbroecks als Seligen. Gedenktag: 2. Dezember.

Text S. 35: Wilhelm Oehl (Hrsg.): Deutsche Mystikerbriefe des Mittelalters. 1100–1550. München: Langen-Müller, 1931. S. 445 (Brief an Katharina von Löwen, eine fromme Jungfrau [Begine] zu Mecheln; ohne Datum).

Text S. 43: Ebd. S. 436 f. (undatierter Brief an die Klarissin Margarete von Meerbeke in Brüssel).

Text S. 88: Ebd. S. 441 (undatierter Brief an die Klarissin Margarete van Meerbeke).

Text S. 94: Ebd. S. 444 (undatierter Brief an Katharina van Löwen, eine fromme Jungfrau).

Text S. 132: Ebd. S. 445 (undatierter Brief an Katharina von Löwen, eine fromme Jungfrau zu Mecheln).

Text S. 158: Ebd. S. 448 f. (Brief an einen unbekannten Empfänger, geschrieben in Groenendael nach 1353).

Text S. 220: Ebd. S. 443 (undatierter Brief an die Klarissin Margarete van Meerbeke in Brüssel).

FRANZ VON SALES

Geboren am 21. August 1567 auf Schloß Sales (Savoyen), ist der Mitbegründer der Schwestern von der ›Heimsuchung Mariä‹ (Salesianerinnen, gegr. 1610). Von seinen zahlreichen religiösen Schriften gingen starke Impulse aus. Er starb am 28. Dezember 1622 in Lyon und wurde 1665 von Alexander VII. (1655–67; großer Verehrer Franz' v. S.) heiliggesprochen. Pius IX. (1846–78) erhob ihn 1877 zum Kirchenlehrer. Fest: 29. Januar.

Text S. 44: Franz von Sales: Philothea. Übers. und eingel. von Otto Karrer. München: Ars Sacra, ^{2}1952. S. 212 f.

Text S. 53: Ebd. S. 197.

Text S. 142: Ebd. S. 95 f.

Text S. 222: Ebd. S. 201.

JOHANNES BAPTIST DE LA SALLE

Am 30. April 1651 in Reims geboren, Priester seit 1678, widmete sich der Erziehung der Jugend aus den benachteiligten Schichten, gründete 1679 die erste (Frei-)Schule und 1684 mit Gleichgesinnten die Genossenschaft der ›Brüder der christlichen Freischulen‹ (›Schulbrüder‹; bahnbrechend für das französische Schulwesen). Er starb am 7. April 1719 in Rouen. Am 25. Mai 1900 sprach Leo XIII. (1878–1903) ihn heilig; er ist der Patron der Lehrer. Fest: 15. Mai.

Text S. 24: Friedrich Brug (Hrsg.): Der hl. Johannes de la Salle und seine pädagogische Stiftung. Regensburg 1919. (Gelegentlich der 200-Jahrfeier seines Todes dargeboten von Mitgliedern der deutschen und österreichischen Ordensprovinz der christlichen Schulbrüder.) S. 14 (letzte Worte de la Salles).

HEINRICH SEUSE (Suso)

Am 21. März 1295 in Konstanz oder Überlingen geboren, wurde dreizehnjährig Dominikaner und 1322 in Köln Schüler Meister Eckharts. Er lebte seit 1326 in Konstanz, war 1334 Prediger und Seelsorger in der Schweiz, im Elsaß und am Oberrhein und wurde nach 1343/44 nach Ulm versetzt, wo er am 25. Januar 1366 starb. Gregor XVI. (1831–46) bestätigte am 16. April 1831 die Verehrung Seuses als Seligen. Gedenktag: 2. März.

Text S. 130f.: Deutsche Mystik. Aus den Schriften von Heinrich Seuse und Johannes Tauler. Ausgew. und mit einem Nachw. vers. von W. Zeller. Düsseldorf: Diederichs, 1967. S. 58 f.

EDITH STEIN

Am 12. Oktober 1891 in Breslau in jüdischer Familie geboren, war Philosophin und konvertierte 1922 zum Katholizismus, wurde in Köln 1933 Karmelitin (Sr. Teresia Benedicta a Cruce). Im Kloster Echt verhaftet, wurde sie in Auschwitz ermordet (entweder 9. August 1942 oder Anfang 1943). Johannes Paul II. sprach sie am 1. Mai 1987 selig. Gedenktag: 9. August.

Text S. 114: Edith Stein: Gedichte und Gebete. Aus dem Nachlaß hrsg. von Waltraud Herbstrith. (Schriftenreihe zur Meditation. 13.) München: Kaffke, ^{2}1981. S. 18 f.

Text S. 209: Ebd. S. 11.

THERESIA (TERESA) VON AVILA
(Theresia von Jesus, Theresia die Große, Theresia von Spanien)

Geboren am 28. März 1515 in Avila, wurde 1535/36 in Avila Karmelitin. Nach schwerer Erkrankung (1539 ff.) mystisch begnadet (1556 geistliche Verlobung, 1560 Höllenvision), beschloß sie die Reform ihres Ordens, die sie gegen alle Widerstände durchführte (Gründung zahlreicher Frauen- und Männerklöster). Sie starb am 4. Oktober 1582 in Alba de Tormes. Am 12. März 1622 wurde sie von Gregor XV. (1621–23) heiliggesprochen, 1617 zur Patronin Spaniens erklärt, 1970 von Paul VI. (1963–78) zur Kirchenlehrerin erhoben. Fest: 15. Oktober.

Text S. 72: Sämtliche Schriften der hl. Theresia von Jesu. Neue deutsche Ausgabe. Übers. nach der span. Ausg. des P. Silverio de S. Teresa C. D. von P. Aloysius ab Immaculata Conceptione (P. Aloysius Alkofer). München: Kösel, 1933. Bd. 1: Das Leben der hl. Theresia v. Jesu. S. 431 f. (aus Theresias erstem Bericht aus dem Kloster der Menschwerdung in Avila, 1560).

Text S. 154: Ebd. S. 440 (dritter Bericht, von ihr selbst verfaßt, aus dem Josephskloster zu Avila, 1563).

THERESIA VON LISIEUX
(Thérèse Martin, Kleine hl. Theresia, im Orden: Theresia vom Kinde Jesu, Theresia vom Hl. Antlitz)

Geboren am 2. Januar 1873 in Alençon (Normandie), erbat 1887 von Leo XIII. (1878–1903), fünfzehnjährig in das Kloster der Unbeschuhten Karmelitinnen in Lisieux eintreten zu dürfen (Aufnahme: 9. April 1888, Profeß: 1890). Am 9. Juni 1895 brachte sie sich als ›Ganzopfer der erbarmungsvollen Liebe des gnädigen Gottes‹ dar; sie starb am 30. September 1897 in Lisieux. Am 17. Mai 1925 sprach

Pius XI. (1922–39) sie heilig, am 14. Dezember 1927 wurde sie zur Schutzpatronin aller Missionen, am 3. Mai 1944 durch Pius XII. (1939–58) zur zweiten Schutzpatronin Frankreichs erhoben. Fest: 3. Oktober.

Text S. 48: Bajocensis et Lexoviensis Beatificationis et Canonizationis Servae Dei Sororis Theresiae a Puero Jesu Monialis Professae Ordinis Carmelitarum Excalcatarum in Monasterio Lexoviensi Positio super virtutibus. Romae 1914. Summarium II. S. 504.

Text S. 82: Ebd. S. 391.

Übersetzung von Johanna Lanczkowski.

Text S. 95: Therese vom Kinde Jesu: Selbstbiographische Schriften. Authentischer Text. Nach der von P. François de Sainte-Marie OCD bes. und komment. Ausg. ins Deutsche übertr. von Dr. O. Iserland und Cornelia Capol. Geleitwort von Hans Urs von Balthasar. Einsiedeln: Johannes Verlag, 1958. S. 5.

Text S. 107: Ebd. S. 111.

Text S. 173: Positio super Introductione Causae Bajocensis seu Lexoviensis Beatificationis et Canonizationis Servae Dei Sororis Theresiae a Puero Jesu Monialis Professae Ordinis Carmelitarum Excalcatarum in Monasterio Lexoviensi. Romae 1914. Summarum I, IX, § 21. – Übersetzung von Johanna Lanczkowski.

Text S. 186: Ida Friederike Görres: Das verborgene Antlitz. Eine Studie über Therese von Lisieux. Freiburg i. Br.: Herder, [7]1949. S. 410 f. (Brief Theresias an ihre Schwester Céline vom 20. Oktober 1888).

THOMAS VON AQUINO

1224/25 auf Roccasecca bei Neapel geboren, wurde 1243/44 in Neapel Dominikaner; 1245–48 in Paris und 1248–52 in Köln Schüler des Albertus Magnus. Ab 1255 lehrte Thomas in Paris; er stand 1261–65 und 1267–68 im Dienst der Päpste Urban IV. (1261–64) und Klemens IV. (1265–68) und lehrte 1268 erneut in Paris. Thomas starb am 7. März 1274 in Fossanova. Johannes XXII. (1316–34) sprach ihn 1323 heilig, Pius V. (1566–72) erhob ihn 1567 zum Kirchenlehrer und Leo XIII. (1878–1903) erhob ihn 1880 zum Patron aller katholischen Schulen. Fest: 7. März.

Text S. 86: Thomas von Aquino: Quaestiones disputatae de malo (VIII,2,3; VIII,3,8). – Übersetzung von Johanna Lanczkowski.

ULRIKA NISCH (Franziska Dettenrieder)

Am 18. September 1882 in Mittelbiberach geboren, trat am 17. Oktober 1904 in Hegne bei den Ingenbohler Kreuzschwestern ein (Ordensname: Ulrika). Sie war in verschiedenen Häusern ihrer Kongregation in der Küche tätig. Sie starb am 8. Mai 1913 in Hegne. Am 1. November 1987 sprach Johannes Paul II. sie selig. Gedenktag: 8. Mai.

Text S. 87: Walbert Bühlmann: Selige Schwester Ulrika. Beuron: Beuroner Kunstverlag, 1987. S. 182 (Brief an ihre ehemaligen Mitschwestern in Baden-Baden vom 4. September 1912).

JEAN-BAPTIST-MARIE VIANNEY (Pfarrer von Ars)

Am 8. Mai 1786 in Dardilly bei Lyon geboren, wurde 1815 zum Priester geweiht und kam am 13. Februar 1818 nach Ars. Vianney verzehrte sich im Dienst als Seelsorger. 1855 wurde er Ritter der Ehrenlegion (wider Willen). Er starb am 4. August 1859 in Ars. Am 31. Mai 1925 sprach ihn Pius IX. (1922–39) heilig, 1929 erhob er ihn zum Patron der Seelsorger. Fest: 9. August.

Text S. 73: Der hl. Pfarrer von Ars Johannes-Maria-Baptist Vianney (1786–1859). Nach Francis Trochu von Justinian Widlöcher. Kolmar: Alsatia-Verlag, 1944/45. S. 295.

Text S. 119: Ebd. S. 321.

Text S. 192: Ebd. S. 397.

VINZENZ FERRER

Um 1350 in Valencia geboren, wurde siebzehnjährig Dominikaner und war einer der einflußreichsten Bußprediger des Mittelalters. Er starb am 5. April 1419 in Vannes in der Bretagne. Bereits Calixt III. (1455–58) plante seine Heiligsprechung, Pius II. (1458–64) vollzog sie 1458. Fest: 5. April.

Text S. 25: Vinzenz Ferrer: Das geistliche Leben. Aus dem Lat. übers. von Heribert Christian Scheeben. In: Humbert von Romans Tugendleben im Ordensstand. Vechta: Albertus Magnus-Verlag, 1928. S. 108.

Text S. 62: Ebd. S. 173.

Text S. 99: Ebd. S. 101 f.

Text S. 165: Sigismund Brettle: San Vincent Ferrer und sein literarischer Nachlaß. Münster i. Westf.: Aschendorffsche Verlagshandlung, 1924. (Vorreformationsgeschichtliche Forschungen. Bd. 10.) S. 123 (aus einer Predigt am Aschermittwoch).

VINZENZ VON PAUL

Am 24. April 1581 in Pouy (seit 1828 in St-Vincent-de-Paul umbenannt) geboren, war Priester (1600) und von 1613 bis 1626 Hausgeistlicher beim General der königlichen Galeeren. Er gelobte 1617, den Armen lebenslang zu dienen, gründete 1625 die ›Congregatio Missionis‹ (zur Missionierung der Landbevölkerung, später ›Lazaristen‹) und 1617 eine ›Confrérie des Dames de la Charité‹; das war der Beginn seiner größten Gründung der ›Filles de la Charité‹ (in Deutschland: Vinzentinerinnen). Er starb am 27. September 1660 in Paris, wurde 1737 von Klemens XII. (1730–40) heiliggesprochen und 1885 von Leo XIII. (1878–1903) zum Patron aller caritativen Vereinigungen erhoben. Fest: 19. Juli.

Text S. 60: Joseph Wittig: Vincenz von Paul. In: Religiöse Erzieher der katholischen Kirche aus den letzten vier Jahrhunderten. Hrsg. von S. Merkle und B. Beß. Leipzig: Quelle & Meyer, 1921. S. 134 f.

Text S. 78: Gabriel Meier OSB: Der hl. Vinzenz von Paul in seinem Leben und Wirken. Einsiedeln/Waldshut/Köln: Gebr. Benziger, 1897. S. 160.

Text S. 91: Franz Stetter: Vinzenz von Paul. Ein großer Mensch und ein großer Heiliger. Paderborn: Schöningh, 1933. S. 188.

Text S. 115: Joseph Wittig: Vincenz von Paul. S. 131.

Text S. 163: Ebd. S. 130.

WILHELM VON ST. THIERRY

Geboren 1080/85 (vor 1090) in Lüttich, wurde Benediktiner in St. Nicaise und 1119 Abt von St. Thierry. Er verzichtete 1135 auf sein Amt und wurde unter dem Einfluß seines Freundes Bernhard von Clairvaux Mönch in Signy, wo er am 8. September 1148/49 starb. Der große Mystiker wird im Zisterzienserorden als Seliger verehrt. Gedenktag: 8. September.

Text S. 57: Guillaume de Saint-Thierry: Oraisons Méditatives. Introduction, Texte latin et Traduction de J. Hourlier. Paris: Ed. du Cerf, 1985. (Sources Chrétienne Nr. 324.) S. 224.

Text S. 206: Ebd. S. 226.

Übersetzung von Johanna Lanczkowski.

FRANZ XAVER (Francisco de Jassu y Javier)

Am 7. April 1506 auf Schloß Javier in Navarra geboren, wurde 1533/34 einer der ersten Jesuiten. Er segelte am 7. April 1541 (ab Lissabon) als päpstlicher Legat nach Ostindien, landete am 6. Mai 1542 in Goa und wirkte dort rund zehn Jahre als Missionar; weitere Missionsreisen führten ihn nach Malakka (1545), den Molukken (1546) und 1549 nach Japan. 1552 kehrte er nach Goa zurück. Er starb am 3. Dezember 1552 auf der Insel San Tschao bei Kanton. Gregor XV. (1621–23) sprach ihn am 12. März 1622 heilig. Fest: 3. Dezember.

Text S. 81: Die Briefe des Francisco de Xavier. 1542–1552. Ausgew., übertr. und komment. von Elisabeth Gräfin Vitzthum. München: Kösel, [3]1950. S. 161 (aus dem Brief an die Väter der Gesellschaft Jesu zu Goa, vom 5. November 1549 aus Kagoshima).

Text S. 149: Ebd. S. 140 (aus einem Brief vom 22. Juni 1549 aus Malakka an Ignatius von Loyola, Simão Rodriguez und die Väter der Gesellschaft Jesu in Europa).

Der Verlag Philipp Reclam jun. dankt den Rechteinhabern für die Nachdruckgenehmigungen. Für einige Autoren waren die Rechtsnachfolger nicht festzustellen. Hier ist der Verlag bereit, nach Anforderung rechtmäßige Ansprüche abzugelten. Gelegentliche leichte Modifikationen am Zitatbeginn und geringfügige Kürzungen sind im Hinblick auf den Breviercharakter des Buches nicht ausgewiesen.